초등 논어 수업

초등 논어 수업

©이도영

초판 1쇄 인쇄 | 2023년 06월 26일
초판 1쇄 발행 | 2023년 07월 03일

지은이 | 이도영
발행인 | 이진호
편집 | 박관용, 권지연
디자인 | 트리니티

펴낸곳 | 비비투(VIVI2)
주소 | 서울시 중구 수표로2길9 예림빌딩 402호
전화 | 대표 (02)517-2045
팩스 | (02)517-5125(주문)

이메일 | atfeel@hanmail.net
홈페이지 | https//blog.naver.com/feelwithcom
페이스북 | https//www.facebook.com/publisherjoy
출판등록 | 2006년 7월 8일

ISBN 979-11-92794-10-5(03370)

초등
논어
수업 이도영 지음

매일 20분 논어 읽기,
우리 아이들 삶이 바뀐다!

VIVI2

더 좋은 어른이 되는
논어 수업 이야기

해학을 추구하시는 듯하면서도 세상 진중한 이도영 선생님! 학교에서 처음 만날 때의 느낌이다. 혁신학교임을 알고 '찾아오셨다'고 한 선생님에 대한 기대는 이미 저 높은 곳이었다. 그러나 그해 유례없는 바이러스의 등장으로 '비대면'이라는 안타까운 시간을 보내야 했다.

아이들과 부대끼는 삶 자체가 배움이라 여기며 끊임없이 갈고 닦는 선생님. 학생들의 자발적 배움을 실천하는 과정에서 오늘 배울 내용을 급하게 욱여넣진 않았는지를 반성하는 선생님. 모범을 보이는 일이 영향력을 미치는 유일한 방법이라 믿으며, 아이들에게 바라는 일을 먼저 행하는 선생님. 아이들의 성장을 위한 이성적이고 지적인 사랑을 추구하는 선생님. 교사의 상처는 보람으로 치유된다 여기며, 교육에 종사는 일이 인류의 진보 과정에 힘을 보태는 일이라 믿는 선생님.

이 책『초등 논어 수업』을 통해 논어의 가르침을 학생들과 함께 몸

소 실천하고자 노력하신 선생님의 시간을 감히 떠올려본다. 이 과정을 통해 앞으로도 오랫동안 교사의 사명감으로 아이들에게 더 좋은 '어른' 이 되어줄 선생님의 삶이 기대된다.

곽경애 | 강릉 운양초등학교 2022년 학부모회장

인생 책은 무엇인가? 수없이 읽고 써 오면서 나의 대답은 똑같았다. 『논어』였다. 교실 수업에서 점심시간마다 논어를 읽었는데, 그 시절 그때 그 논어가 참 좋았다. 논어는 삶과 사람과 일을 일관되게 말한다. 아이들과 함께하는 '논어 읽는 교실'에서는 인성 지도가 따로 필요 없었다. 소인으로서 논어의 삶을 따라가면서 누가 소인이고 누가 대인인지, 나의 하루가 누군가에게 인자함을 베풀었는지 나누곤 했다. 이러한 논어 지도가 몸과 마음에 학습되면서, 시간이 지날수록 부드럽고 따뜻한 행동과 말을 실천한다는 것을 확인할 수 있었다.

이 책『초등 논어 수업』을 읽으면서 아이들과 함께 논어 읽던 그때를 떠올린다. 이 책이 교실에서, 또는 가정에서 논어를 어떻게 읽혀야 할지 고민하는 교사와 학부모에게 매우 적절한 책이라서 반갑고 고마웠다. 교실 수업의 다양한 사례는 물론 저자의 교육철학을 담아 다정하고 친절하게 논어 이야기를 들려주고 있다. '논어 읽는 교실'을 만들고 싶은 선생님들에게 적극 추천한다.

김성효 | 초등교사, 『초등공부, 독서로 시작해 글쓰기로 끝내라』 저자

많은 CEO가 『논어』를 필독서로 읽는다는 내용을 접하고 매일 1편씩 읽었다. 총 20편의 논어는 한 달에 1독을 할 수 있었다. 읽을 때마다 새

로운 것이 논어였다. 공자의 가르침을 매일 책으로 만날 수 있다니. 나 혼자 알기에는 아까워 학급 아이들과도 종종 이야기를 나누기도 했다.

『논어』 기반 수업 이야기가 출간되면 좋겠다는 생각을 품던 찰나 이도영 선생님의 『초등 논어 수업』을 읽고, 공자의 철학을 알고 행하는 것을 넘어 학생과 교사가 가르치고 배우면서 함께 성장하는 교학상장을 일깨울 수 있었다. 저자의 생각과 공자의 글, 교사와 학생 간의 대화가 어우러진 깊이 있는 논어의 교육적 효과였다. 이 책을 읽고 나니 아이들을 어서 만나고 싶다. 진정한 학습의 의미를 시작으로 사명에 이르기까지 그동안 몰랐던 논어의 가치, 책 속에서 발견한 숨은 보물들을 함께 나누고 싶다.

김진수 | 초등교사, 『밀알샘 자기경영노트』 저자

논어를 함께 읽는 교실에는 아이들의 생각이 쑥쑥 자라는 소리가 들리는 것 같았다. 수업에서 가장 현명한 사람은 공자도, 선생님도 아니었다. 고전 한 구절 한 구절 새기며 자기 생각을 말하고 배운 것을 삶에서 실천하는 꼬마 철학자들이었다. 논어와 함께한 아이들은 과거에서 옛 스승인 공자를 만나고, 현재에서 지금의 스승을 만나며 전인적인 사람으로 크게 성장할 것이라는 확신이 들었다. 또한 교사의 끊임없는 배움과 소통은 교학상장의 의미를 더하며 교사로서 가져가야 할 소명과 책무를 다시금 생각하게 했다. 교육이 삶이 되기를 희망하는 선생님, 옛것을 익혀 새것을 만들어가고자 하는 선생님들에게 저자 이도영 선생님의 특별한 논어 수업과 깊이 있는 철학을 들여다보시길 권한다.

배정화 | 중등교사, 『나는 혁신학교 교사입니다』 『배움의 시선』 저자

이도영 선생님은 첫 책을 쓰는 어려움을 나눈 글벗인지라 감회가 새롭고 내 일처럼 기쁩니다. 묵묵히 삶으로 실천한 기록이 모여 드디어 한 권의 책으로 완성되었습니다. 지금까지 이런 책은 없었습니다. '논어'에 대한 깊이 있는 이해, '논어'를 통한 교육철학 확립, 아이들과 학급에서 적용할 수 있는 암송, 필사, 대화, 정리하는 4단계 루틴, 학생들과 적용한 실제 사례까지 모두 담겨 있습니다.

아이들의 마음에 씨앗을 심듯, 논어를 심는 이도영 선생님. 책 속에 녹아든 교사로서의 비전과 신념에 감동합니다. 진정한 삶의 목표를 찾도록 돕고, 인간다움을 완성하는 교육을 실천하고 계신 선생님의 스토리가 이 책을 읽는 누군가에게 닿아 새로운 가능성으로 탄생할 거라 믿습니다. 공교육 무용론까지 대두되는 최근 우리나라 교육 실태를 떠올리면 더욱 귀한 책이 아닐까 생각합니다. '논어'를 통해 교사가 지향해야 할 방향과 교육자가 지녀야 할 가치를 생각해볼 기회입니다. 부모님과 선생님이 '나만의 의미'를 찾으며 읽어야 할 책으로 추천합니다.

최정윤 | 초등교사, 『엄마를 위한 미라클모닝』 저자

차례

1교시   왜 초등 논어일까?

2교시   논어 교사는 어떤 역할일까?

논어 읽는 아이는
태도가 다르다

기본이 부족한 아이들을 보면 슬프다. 무기력한 아이를 보면 힘이 빠진다. 교실 수업 시간에 책상에 엎드려 자고, 체육수업에도 주머니에 손을 넣고 움직이지 않는다. 신발 끈이 풀렸는데 묶어볼 시도조차하지 않는다. 친구의 노력을 허무하게 깎아내리고 무안을 준다. 자기 잘못을 인정하지 않고 핑계를 댄다. 경쟁에서 무조건 이겨야 한다. 이기려는 마음이 지나쳐 남을 시기하고 샘을 낸다.

교사에게는 기쁜 순간이 의외로 사소하다. 환한 미소로 아이들이 인사하면 가슴이 포근해지고, 산책하러 나가 주말 이야기를 나누면 마음이 편안하다. 아이들이 호기심으로 수업에 열정을 보이면 기운이 난다. 나눠준 자료에 집중해서 뭔가를 알아내려고 애쓰면 설명하는 내 목소리에도 힘이 실린다. 수업이라는 예술 작품을 아이들과 함께 만들어간다.

놀라운 점은 슬픔과 기쁨을 주는 아이들이 같다는 점이다. 무조건 이겨야 직성이 풀리는 아이는 점심시간에 맨발로 달려와 웃음을 나누었다. 무기력한 아이는 자기가 관심 있어 하는 문제가 나오면 끝까지 매달려 친구들과 대화했다. 남을 깎아내리는 모습을 보였던 아이는 학교 장기자랑에 나와 사람들에게 큰 웃음을 전해주었다.

인재가 갖춰야 할 역량은 지식, 기술, 태도 세 가지의 합이다. 우리 부모 세대는 머리에 지식이 많은 사람이 성공했다. 그들이 좋은 대학과 좋은 회사에 갔다. 기술이 뛰어난 사람도 잘살던 시대가 있었다. 공장에서 기능을 익히고, 요리를 잘하고, 머리 자르는 기술이 있어도 성공했다.

하지만 지식과 기술은 인공지능을 따라갈 수 없는 시대가 되었다. 태도는 인간에게 남아 있는 마지막 역량이다. 앞으로 우리 아이들에게 지식과 기술이 아니라, 좋은 태도를 기를 수 있도록 가르쳐야 한다.

지금은 학교에서 배우는 지식을 실제로 써먹을 정도의 나이가 되면 한물간 낡은 것이 되는 가속의 시대다. 이제 교육은 지식이 아닌 지혜와 통찰을 얻는 과정이어야 한다. 지혜와 통찰은 나를 되돌아보는 시간을 거쳐야 생긴다. 5학년, 6학년 아이들과 논어라는 거울을 통해 나를 돌아보는 시간을 가졌다. 이 책은 그 2년간의 기록을 가려 뽑았다.

왜 아이들을 가르치는가? 어떤 어른으로 자라길 바라는가? 나는 아이들이 인간다운 삶을 살기를 바란다. 남과 더불어 사는 어른이 되길 꿈꾼다. 논어는 그 결이 맞다. 논어는 삶의 태도를 가르치기 때문이다.

태도는 하루하루 생활 습관이 쌓이고 몸에 배어서 우러나온다. 아이들은 논어를 읽고 자기 일에 최선을 다했다. 자신보다 남을 먼저 배려했다. 논어에 쓰인 구절을 그대로 받아들이지 않고 재해석했다. 새로운 가치를 창조하여 삶에 적용했다. 논어를 읽은 아이는 느껴지는 에너지 분포도가 다르다. 마음의 그릇이 넓어지고 카리스마가 생기기 때문이다. 인생과 우주에 대한 원대한 비전을 탐구하는 고전을 읽다 보면 삶을 통찰하는 힘이 생긴다.

도리스 메르틴(Doris Märtin)은 세상을 사는 방식과 태도를 뜻하는 '아비투스'의 수준이 우리 삶의 성공과 직결된다고 주장한다. 논어를 공부한 아이들은 고전의 높이에 상응하는 아비투스를 갖는다. 남들에게 인정받으려고 하지 않고 다른 사람의 노력을 먼저 생각할 줄 아는 심리적 태도를 보인다. 신중하게 말하고 재빠르게 행동하는 신체적 매력도가 형성된다. 내가 지킬 수 없는 말은 하지 않고 타인을 배려하는 언어를 사용한다. 이를 통해 다른 사람들에게 신뢰와 호감을 쌓는다. 사회자본을 기르는 토대가 마련된다. 아비투스의 수준이 높을 수밖에 없다.

매일 아침 활동 시간에 아이들과 논어를 공부하면서 삶을 통찰하는 사제 관계를 만들었다. 교사와 제자가 함께 논어를 암송하고 생각을 나누면서 삶을 통찰한다면 이보다 아름다운 사제 간의 모습은 없을 것이다.

이 책의 주된 독자는 이런 분들이다. 학생을 사랑으로 가르치고 있는데 아이들의 버릇없음과 무기력에 지친 선생님, 아이들에게 나를 채우는 기쁨을 알고 하루하루의 소중함을 일깨워주고 싶은 선생님, 타인을 배려하고 공헌하는 행복을 알아가는 아이들로 키우고 싶은 선생님이다. 그리고 논어를 통해 삶의 새로운 가능성을 탐색하고 싶은 모든 분을 위한 책이다.

이 책을 쓸 수 있기까지 많은 분의 영향을 받았다. 고미숙 선생님의 고전 읽기 추천이 단초가 되었다. 김성효 선생님은 점심시간에 아이들과 읽은 논어 덕분에 다툼과 욕설이 없는 교실을 만들었다고 했다. 김진수 선생님의 논어 추천 도서를 주 교재로 삼았다. 무엇보다 〈초등 논어 수업〉 원고를 쓰기까지 '자기 경영 노트' 선생님들의 응원이 힘이 되었다.

우리 행동은 하나하나 점을 찍으며 이어가는 활동이다. 하나의 점이 하나의 선으로 연결될 때 지난 시간이 값져진다. 그러므로 점이 무수히 찍힐수록, 점이 선으로 연결될수록, 우리는 새로워진다. 점을 찍는 오늘이 좋고, 점들이 연결될 내일이 더 좋다. 나에게 영향을 준 많은 선생님을 만난 순간은 점으로 존재했다. 그 점들이 이어져 선이 되었다. 이 책이 바로 그 선이다. 독자분들께 이 책이 하나의 점이 되길 소망한다.

2023년 6월 새벽에, 이도영

왜
초등 논어일까?

2500년 전에 쓰인 논어를 읽는 이유는 무엇일까? 논어는 더 나은 삶을 살고, 상호 관계를 개선하며, 사회적 조화를 이룰 수 있는 교육과 예절을 강조한다. 다양한 철학적 주제를 다루면서 사고와 판단력을 향상시키는 기회를 제공한다. 논어를 읽으면서 크게 여섯 가지를 배울 수 있다.

1. 학습
2. 학습 방법
3. 메타인지
4. 도덕성
5. 민주시민
6. 창조성

논어를 통해 아이들은 자기 자신을 향상시키고, 보다 의미 있는 삶을 살아갈 수 있다. 그 구체적인 이야기를 지금 바로 시작해보자.

학습
행복으로 가는 길을 걷는다

논어에는 두 부류의 사람이 자주 나온다. 소인과 군자다. 다양한 약점을 가진 소인과 더 나은 존재인 군자가 대비된다. 소인이 가진 모자람을 극복하고 군자가 되는 길을 안내한다. 우리가 현재 조건을 뛰어넘어 성숙한 인간으로 나아가려면 무엇이 필요할까? 공자는 배움(學)을 통해 누구나 군자로 성장할 수 있다고 말한다.

논어 1-1

공자가 말했다.

"몰랐던 것을 배우고서 때맞춰 몸에 익히면 진실로 기쁘지 않겠는가? 뜻이 같은 친구가 먼 곳에서 찾아오면 진실로 즐겁지 않겠는가? 남이 나를 인정해주지 않아도 화내지 않는다면 진실로 군자가 아니겠는가?"

子曰 學而時習之, 不亦說乎? 有朋自遠方來, 不亦樂乎?

자왈 학이시습지, 불역열호? 유붕자원방래, 불역락호?

人不知而不慍, 不亦君子乎?

인부지이불온, 불역군자호?

논어의 첫 구절이다. 공자는 배움과 익힘이 기쁘다고 말한다. 열심히 배우고 익혀 삶으로 연결 지으라고 한다. 배움과 익힘을 통합시켜 자기 경험으로 만들라는 말이다. 익힘은 배운 내용을 기억해내고 되새기는 과정이다. 여기서 '때'가 중요하다. '틈틈이'라는 뜻이 아니라 알맞은 기회나 시기를 말한다. '모든 일에는 때가 있다'라고 하지 않는가. 살아가면서 예전에 배운 내용이 떠오르는 순간이 있다. 배웠으나 미처 몰랐던 부분을 아하! 하고 깨닫게 된다. 의미가 새롭게 다가오고, 모호하게 이해한 내용이 확실해진다. 이때가 학습하기에 좋을 때이다.

예를 들어보자. 초등학교 6학년 영희는 동생 철수와 집에서 떡볶이를 먹고 싶다. 인터넷 검색으로 조리법을 찾는다. 냉장고에서 떡, 어묵, 양배추, 대파를 꺼내고, 고추장, 간장, 고춧가루, 설탕으로 양념도 준비한다. 인터넷에 나온 분량은 떡 400g, 3인분 기준이다. 2명인 경우 양을 어떻게 줄이나 고민하던 영희는 수학 시간에 배운 비례식을 떠올린다.

3:2=400:□ 외항의 곱과 내항의 곱이 같아 800을 3으로 나눴더니 딱 떨어지지 않는다. 대략 900을 3으로 나누면 300g! 나머지 재료도 계산하려니 시간이 걸린다. 비례식 대신 분수의 곱셈을 생각해낸 영희는

3인분 레시피를 3으로 나누고 2를 곱해야 했다. 나머지 재료에는 모두 2/3를 곱한다.

떡볶이 조리 과정에서 수학 시간에 배운 비례식과 분수의 곱셈을 다시 익힐 수 있었다. 수업 시간에 생각 없이 풀었던 수학 문제를 실생활에 적용하니 기쁘고 짜릿하다. 배운 것이 확실히 이해되고 새롭게 다가온다.

공자는 인간을 학습하는 존재로 보았다. 아무것도 배우지 않는 인간은 동물이나 마찬가지라고 여겼다. 배우는 일만으로는 충분하지 않다. 머리에서 몸으로 가는 체화 과정인 습(習)이 필요하다. 습은 새의 날갯짓을 본뜬 글자다. 어린 새가 나는 연습을 하듯 사람도 학습을 그치지 않아야 한다. 배우는 일은 단번에 가능하지만 익히는 일은 그렇지 않다. 습(習)은 필요한 순간마다 쉬지 않고 반복해야 한다.

학이시습(學而時習)은 자기혁신이다. 〈대학(大學)〉에 나오는 일신우일신(日新又日新)과 같은 의미다. 날마다 부지런히 배우고 익히면 내가 새로워진다. 유학자들이 제시하는 인간상은 그동안 오해가 많았다. 고지식한 꼰대처럼 에헴! 하며 도덕을 논하고 체면이나 차리는 사람이 아니었다. 배우고 익혀 끊임없이 자신을 혁신하는 인간을 추구한다.

이를 〈논어〉의 첫 구절이 보여주고 있다. 배우고 익히는 일은 즐거운 일만은 아닌데 왜 기쁘다고 했을까? 자기혁신이 이뤄지면 성취감과 희열을 느낀다. 진실로 기쁜 일이 아닐 수 없다. 우리는 배움과 경험을 연결 짓고 매일 성장하면서 공부의 참뜻을 알게 된다. 참뜻을 깨우치는 순간, 배우고 익히는 학습 과정이 짜릿한 기쁨으로 다가온다. 처음 배울 때와는 달리 배운 지식이 의미 있게 일상에서 적용될수록 기쁘다. 그 깊은 뜻을 깨우치면 행복하다.

스피노자(Baruch de Spinoza)는 나의 힘과 가능성이 확장되는 느낌을 '기쁨'이라고 했으며, 나의 힘과 가능성이 소모되는 느낌을 '슬픔'이라고 했다. 학습을 통해 기쁜 순간이 이어지고 내가 확장되는 경험을 하면 할수록 즐겁고 행복하다. 이 사실만으로도 우리가 학습해야 하는 이유는 충분하다.

두 번째 문장을 살펴보자. 배움의 기쁨을 말하다가 친구 이야기를 한다. 학습을 이야기하다가 친구를 말하니 어색하고, 두 문장에 맥락이 없다. 먼 곳에 있던 친구가 오랜만에 찾아오면 당연히 반갑지 않겠는가. 과연 이처럼 당연한 말을 하는 걸까? 학습과 우정론은 어떤 관계가 있을까?

여기서 말하는 친구는 벗 우(友)가 아니라 벗 붕(朋)이다. 붕(朋)은 옥을 꿰어 늘어뜨린 모양을 그린 상형문자다. 귀한 것을 서로 나눌 수 있는 사이라는 뜻이다. 그저 그런 친구가 아니다. 벗 우(友)는 손을 서로 마주 잡은 모양을 본뜬 글자다. 손을 맞잡을 수 있는 사이와 귀한 것을 나누는 사이. 이 둘은 어떤 차이일까?

친구는 그냥 놀러 온 게 아니고, 정을 나누며 술이나 한잔 하려는 게 아니다. 귀한 것을 나누려고 찾아왔다. 귀한 무언가는 바로 '배우고 익히는 기쁨'이다. 이 친구는 학습을 통해 새로운 것을 배워서 너무 기뻤다. 무언가를 배우고 익혀 기쁜 나머지 이 사실을 알리려고 온 것이다. 기쁨을 나누고 행복을 함께하고자 멀리서부터 달려왔다.

중국 남송의 유학자 주희도 붕(朋)은 단순한 벗(友)이 아니라 '뜻을 같이하는 무리'라고 했다. 학이시습(學而時習)을 함께하는 벗이 바로 붕

(朋)이다. 배움과 익히기를 좋아하는 친구는 먼 곳에서 새로운 걸 학습하고 식견을 넓히게 된다. 이 기쁨을 공유하고자 나를 찾아왔다. 친구에게 새롭게 배울 수 있는 나도 식견을 넓힐 수 있으니 진실로 즐겁다.

마지막 문장을 살펴보자. "남이 나를 인정해주지 않아도 화를 내지 않는다."라는 내용은 앞의 두 문장과 연결된다. 학습하면 기쁘고 행복하며 그 기쁨의 원천인 배움은 무한하다. 더구나 그 기쁨을 함께할 벗이 먼 곳에서 찾아왔으니 더할 나위 없이 행복하다. 자신의 성장과 발달을 확인하는 기쁨, 그 기쁨을 함께할 벗. 나머지는 부록에 불과하다. 세상과 타인의 인정은 없어도 그만이다. [1]

학습하는 사람은 자기를 알아주든 말든 일희일비하지 않는다. 남에 의해서 흔들리지 않는 '강한 자아'를 갖게 된다. 독일 철학자 아도르노(T. L. W. Adorno)는 '민주주의의 최대 적은 약한 자아'라고 했다. 강한 자아를 가진 사람들이 모여야 민주주의를 이룰 수 있다.

남의 눈치를 살피는 사람은 노예로 살아갈 수밖에 없다. 자신이 원하는 것이 아니라 다른 사람이 원하는 대로 살아가기 때문이다. 강한 자아를 가진 사람은 주인으로 살아간다. 배우고 익히는 기쁨을 누리는 사람은 삶의 주인으로 살아간다. [2]

우리는 학습을 통해 자신의 온전함을 경험할 수 있다. 새로운 것을 학습하면서 자신을 변화시킨다. 학습하면 다른 존재가 된다. 새로운 삶의 방식을 만들고 자기가 확장되는 행복을 느낀다. 목표에 도달하지

---

1) 권재원, 〈교육 그 자체〉, 우리학교, 183~189쪽
2) 김누리, 〈우리의 불행은 당연하지 않습니다〉, 해냄, 113쪽

못하더라도 과거보다 커진 자신을 발견하면 만족할 수 있다. 학습은 기쁨의 종류와 크기를 늘리고 질을 높인다. 이처럼 학습을 통해 기쁨을 얻는 법을 깨우치면, 삶의 매 순간을 소중하게 맞이한다. 학습하면 행복으로 가는 길을 걷게 된다.

교사 오늘 논어 구절은 뭔가요?

지선 배우고 익히는 학습을 하면 기쁘다는 얘기예요.

교사 학습이 왜 기쁘죠? 여러분은 목요일 아침이면 교실에서 한숨부터 쉬잖아요. 오늘 수업이 국어, 과학, 사회라면서요.

세빈 선생님도 참, 저희가 언제 그랬어요? 학습하면 똑똑해지고 머리가 좋아져요. 배우고 익혀서 아는 게 많아지면 다른 사람에게 알려줄 수 있으니 기뻐요.

교사 학습이 나를 위한 게 아니라 남에게 알려주려는 건가요? 학습하면 왜 기쁠까요?

수아 학습하면 가르쳐줄 수 있고, 나에게 좋아요. 열심히 배우면 성취감을 느끼잖아요.

이준 새로 배운 것이 몸에 들어오면 기존의 것과 섞여서 아는 것이 풍부해져요.

태균 학습해서 똑똑해지고 머리가 좋아지면 예전과 다른 내가 돼요.

명진 아~ 학습하면 게임처럼 레벨업 하는 거네요!

이준 학습을 통해 레벨업 했잖아요. 레벨업 하는 기쁨을 아니까 다른 사람이 인정하지 않아도 괜찮은 거네요.

학습 방법

깊이 있는 공부법을 알려준다

2

논어는 학습의 즐거움뿐만 아니라 학습법도 알려준다. 세 가지를 소개하면, 익힘의 중요성, 적극적인 공부, 생각의 요긴함이다. 자세히 살펴보자.

1. 익힘, 배운 것을 되풀이해서 익혀야 진짜 공부다.

논어 2-11

공자가 말했다.

"예전에 배운 것을 되풀이하여 익히고 새로운 것을 알아간다면 다른 사람의 스승이 될 수 있다."

子曰 溫故而知新, 可以爲師矣.

자왈 온고이지신, 가이위사의.

공자는 획기적인 교육철학을 정립했다. 당시 교육은 귀족만의 고유 영역이라는 생각이 지배적인 시절이라 글을 아는 사람이 극소수였다. 공자는 이에 반기를 든 듯 이렇게 말했다. "속수 이상의 예를 표시한 사람을 내가 일찍이 가르치지 않은 적이 없다." 속수(束脩)는 육포 열 개를 말한다.

공자는 천민이건 귀족이건 육포 열 개 정도를 가져온다면 신분을 따지지 않고 가르쳤다. 최대 3천 명의 제자까지 거느렸던 공자는 한계에 다다른다. 혼자서 많은 사람을 교육할 수 없다는 사실을 깨달았다. 공자는 제자들이 스승이 되어 더 많은 사람을 교육하길 바랐다.

누군가가 공자에게 물었다. "저는 스승님처럼 높은 경지에 오를 수도 없고, 지혜로울 수도 없으니 스승이 되기에 적합하지 않습니다. 어떻게 해야 합니까?" 그러자 공자는 "예전에 배운 것을 되풀이하여 익히고 새로운 것을 알아간다면 다른 사람의 스승이 될 수 있다."라고 했다.

온고이지신(溫故而知新)의 순서를 주목하자. 새로운 것을 알아가는 '지신(知新)'보다 배운 것을 되풀이하여 익히는 '온(溫)'을 먼저 말했다. 온은 천천히 익힌다는 뜻이다. 공자는 제자들이 자신의 가르침을 천천히 이해하고 익힌 뒤, 새로운 깨달음을 얻기를 바랐다. 무언가를 새롭게 알아가는 일보다 이미 배운 것을 되풀이하여 익히는 일이 중요하다는 생각이었다. 독일 철학자 니체(F. W. Nietzsche)도 공자와 뜻을 같이한다. "이 세상에 좋은 것들은 모두 천천히 얻어지는 만큼, 천천히 얻지 못하는 것은 아무것도 얻지 못하는 것과 같다."

학원에 다니는 행위로 공부를 다 했다고 생각하는 학생과 학부모가 많다. '학(學)'으로만 공부에 접근하면 진도를 빨리 나가는 선행 학습이 좋은 배움이 되겠지만, 배우는 속도에 치중하다 보면 빠른 결과를 얻기 위해 지식을 암기해버리는 경우가 생긴다. 이해하는 과정 없이 암기만 한다면 제대로 된 공부가 아니다. 암기된 공부는 지식을 적용하고 분석하는 문제 앞에서 무너진다.

우리 반에 학원에서 선행 학습하는 아이가 있었다. 6학년 수학 모든 진도를 마치고 중학교 과정을 나간다고 했다. 분수의 나눗셈을 배우는 시간이었다. 아이는 나눗셈을 곱셈으로 바꾸고, 분수를 역수로 바꿔야 한다는 사실을 알았다. 수학책에 있는 계산 문제는 쉽게 풀었지만 왜 그런 과정을 거쳐야 하는지 알지 못했다. 과정을 이해하지 못하니 탐구수학 문제를 풀 수 없었다. 학(學)으로만 배움에 접근하고 제대로 익히지 못했기 때문이다.

학생들이 주고받는 대화를 보면 공부에 대한 오해가 어디에서 오는지 알 수 있다.

"너, 어제 공부 얼마나 했어?"

"어제 세 시간 동안 인강 다섯 개 들었어."

"와, 공부 많이 했구나. 나는 아직 사회책 30쪽밖에 못 읽었어. 수학 문제집은 언제 다 풀지?"

아이들은 공부를 양으로 말한다. 공부에 대한 잘못된 생각이다. 이렇게 생각하기 때문에 공부가 힘들다. 공부는 '학(學)'으로만 이뤄지지 않으며, 반드시 '습(習)'이 있어야 한다. 익힘은 새롭게 배운 사실을 나의 것으로 만들어 응용하고 활용하는 일이다.

김치찌개를 끓이는 일도 공부다. 학과 습이 있어야 가능하다. 백종원 유튜브를 보다가 김치찌개를 끓일 때 멸치액젓을 넣으면 맛있다는 사실을 알았다. 새롭게 알게 됐으니 '학(學)'이다. 직접 멸치액젓을 넣어서 끓였더니 예전에 끓인 찌개보다 맛있다. 이 사실을 응용해 미역국을 끓일 때도 멸치액젓을 넣었다. 음식에 멸치액젓을 넣으면 감칠맛이 나서 맛있다는 사실을 알게 된다. '습(習)'이다.

학과 습이 있으면 일상의 모든 일이 공부가 된다. "내가 배운 사실을 어디에 활용할 수 있을까?" 익힘에 관한 질문을 끊임없이 할 수 있다면 온종일 공부한다고 할 수 있다.

학과 습이 존재하면 공부라는 사실을 여실히 보여준 사람이 있다. 유재석, 그는 MBC 프로그램 〈놀면 뭐 하니?〉에서 끊임없이 학습한다. 드럼 연주자 손스타에게 드럼을 배워 독주회를 열었고, 가수들에게 노래를 배워 트로트 가수 유산슬로 변신한다. 중화요리 이연복 셰프에게 짬뽕라면을 배워 라면집 사장이 되기도 했다. 하프를 배워서 오케스트라 단원으로 예술의 전당에서 연주한다. 이 밖에 치킨집 사장, 라디오 DJ, 뮤지컬 배우, 아이돌 가수가 되었다.

유재석이 다양한 모습을 보여줄 수 있었던 원동력은 학습에 있다. 사람들은 그를 드럼 신동, 트로트 신동, 하프 영재라고 불렀지만, 신동과 영재라는 수식어 뒤에는 그가 학습에 쏟은 시간과 노력이 숨어 있다. 무엇이든 새롭게 배우고 이를 되풀이하여 익혔기 때문에 우리는 그의 다양한 모습을 볼 수 있었다.

익힘을 강조한 스포츠 스타가 있다. 바로 NBA 선수 코비 브라이언트(Kobe Bryant)다. 코비는 666 워크아웃으로 훈련했다. 666 워크아웃은 트랙 운동, 농구 기술, 웨이트를 혼합한 운동 루틴이다. 그는 비시즌 동안 2시간의 달리기, 2시간의 농구 연습, 2시간의 웨이트-폐활량 운동을 매일 진행했다. 하루에 6시간 진행되는 운동을 일주일에 6번하고, 이를 6개월 동안 진행하기 때문에 666 워크아웃이라고 한다.

일반적인 농구선수들은 이렇게 오래 운동하지 않는다. 고작 팀 훈련으로 2~3시간 진행할 뿐이다. 코비는 올림픽에 출전하는 선수들이나 할 법한 강도 높은 훈련을 했다. 덕분에 육상 선수와 같은 힘과 폭발성을 낼 수 있었다. 666 워크아웃 덕분에 더 높게 점프하고, 더 빠르게 속도를 냈다.

엘런 스테인 주니어(Allen Stein Jr.)의 〈승리하는 습관〉을 보면 기본을 강조한 코비의 일화가 나온다. 코비 브라이언트와 훈련하기 위해 체육관을 찾은 저자는 일찌감치 나와 연습하느라 땀으로 흠뻑 젖은 그를 발견했다. 코비는 놀랍게도 훈련 내내 가장 기본적인 볼 핸들링, 풋워크 등을 반복하고 있었다. 그는 자신이 경기에서 가장 뛰어난 이유에 대해 "절대 기본적인 동작들에 싫증 내지 않기 때문"이라고 했다.[3]

코비의 별명은 블랙맘바, 아프리카에 서식하는 맹독성 뱀이다. 별명에 걸맞게 그는 몸을 뱀처럼 뒤틀며 리버스 덩크를 하거나, 더블 클러치 동작으로 상대를 피해 슛을 했다. 코비처럼 뛰어난 선수가 농구에서 가장 기본인 볼 핸들링과 풋워크를 반복 연습한 이유는 무엇일까? 리버스 덩크, 더블 클러치 같은 어려운 동작도 기본적인 동작이 바탕이 되어야 가능하기 때문이다.

진짜 공부는 '습(習)'에 있다. 배운 것을 되풀이하여 익혀야 제대로 된 공부다. 새롭게 배운 지식체계가 온전히 자신에게 체화된다. 뿌리

---

3) 앨렌 스타인 주니어, 〈승리하는 습관〉, 갤리온, 112~114쪽

가 깊은 나무라야 제대로 성장할 수 있고, 하부구조가 튼튼해야 건물이 흔들리지 않고 버틸 수 있다. 배운 것을 되풀이하여 익힌 사람이야말로 새로 배우는 앎을 소화할 수 있다.

불의의 사고로 사망한 코비 브라이언트를 추모하기 위해 스포츠 회사 나이키에서 영상을 만들었다. 영상 마지막에 그가 말한다. "어제보다 더 나은 오늘을 위한 노력은 계속되어야 합니다. Do the simple stuff right! 기본부터 제대로 해보세요."

2. 의문, 세상의 모든 진보는 의심에서 출발한다.

논어 2-9

공자가 말했다.
"내가 안회와 종일 학문에 대해 이야기하는데 의문을 제기하지 않는 것이 마치 어리석은 사람 같았지만, 그가 물러간 후 평소 모습을 보니 중요한 뜻을 충분히 밝혀내었다. 안회는 어리석은 사람이 아니었구나!"

子曰 吾與回言終日, 不違如愚, 退而省其私, 亦足以發. 回也不愚.
자왈 오여회언종일, 불위여우, 퇴이성기사, 역족이발. 회야불우.

불위(不違)는 말이나 주장을 어기지 않는다는 뜻이다. 안회는 공자의 말에 다른 의견을 내놓지 않고 듣고만 있었다. 공자는 이런 안회를 어리석은 사람이라고 의심한다. 나중에 안회가 물러간(退) 다음 그의 사생활(私)을 면밀하게 살펴보니 오히려(亦) 충분하게(足) 자신이 말한 바를 제대로 실행(發)하고 있었다. 사실 안회는 공자의 제자 중에서 가장 군자(君子)다운 사람이었다. 〈논어〉에 별도로 안연(顏淵)편이 있을 만큼 공자의 총애를 받았던 수제자이자 인격자였다.

안회는 대지약우(大智若愚) 같은 사람이다. "크게 지혜로운 사람은 어리석어 보인다."라는 말이다. 지혜로운 사람은 사물의 이치를 꿰뚫어 보지만 자신을 뽐내지 않고 잔재주를 부리지 않는다. 다른 사람 눈에 어리석은 사람처럼 보일 뿐이다. 안회는 스승 앞에서는 묵묵히 따르기만 해서 어리숙한 사람처럼 보였지만, 일상에서는 공자의 사상을 통찰하고 발전시키고 있었다. 이 사실을 알게 된 공자는 "알고 보니 안회는 어리석은 사람이 아니었구나."라고 말했다.

공자의 말씀 앞부분에서 우리는 학문하는 태도에 대해 배울 수 있다. 공부하면서 의문을 제기하지 않으면 어리석은 사람이라는 사실이다. 수업을 들으면서 선생님 말씀에 의문이 없고, 자기 의견도 표현하지 않으면 어리석은 학생이다. 우리는 적극적인 공부와 수동적인 공부에 대해 생각해볼 수 있다. 선생님이 말하는 내용을 듣고 그대로 따르는 태도는 수동적인 공부다. 선생님이 왜 이것을 가르쳐주는지, 말씀에 잘못은 없는지, 이에 대한 내 생각은 어떤지 스스로 질문하고 의문을 제기하는 태도가 적극적인 공부다.

서울대 교수학습개발센터에 재직한 이혜정 박사는 서울대학교에서 A학점을 받는 학생들을 조사했다. 많은 학생이 교수의 말을 그대로 암기했고, 학점이 높을수록 수동적인 학습 방법에 의존한다는 사실이 드러났다. 인터뷰 대상 46명 중 87%가 "강의 시간에 교수의 말을 한마디도 놓치지 않고 최대한 다 적는다."고 답했다. 생활과학대 한 학생은 "1학년 때는 필기를 잘 안 했고 나만의 아이디어를 찾는 데 집중했다. 그런데 학점이 안 나왔다. 그냥 고등학교 때처럼 교수의 말을 열심히 적어야 학점이 잘 나왔다."고 말했다. 학생들은 예습보다 복습에 치중했다. 46명 중 약 80%인 37명이 예습을 전혀 하지 않고 복습만 한다고 답했다. 예습을 통해 수업에 능동적으로 참여하기보다 수동적으로 전달받은 내용을 숙지하는 게 높은 학점의 비결이었다.[4]

학생은 언제나 선생님을 뒤따라야 한다면 세상의 모든 발전은 이루어질 수 없다. 늘 선생님의 말씀을 따르는 일이 학생의 역할이라면, 학생은 선생님의 가르침을 익히고 후대에 전달하는 일밖에 할 수 없다. 우리의 배움은 고대 시대 지식을 넘어설 수 없을 것이다. 청출어람이라는 말도 존재할 수 없다.

하지만 세계에 대한 인간의 이해는 깊어지고 있다. 단순히 시간이 흘러서가 아니다. 앞 세대가 물려준 유산 위에 뒷 세대가 무언가를 보탰기 때문이다. 선생님이 이루어 놓은 성취에 학생이 또 다른 벽돌 한 장을 쌓아 올린 덕분이다.

학생의 의무는 선생님이 앞서 걸어간 길을 조금 다르게 걷는 것이다. 선생님이 멈춰선 발자국 너머 아무도 밟지 않은 길을 걸어가는 일이다. 학생이 선생님의 발걸음을 넘어설 때 앎은 깊어진다. 그 출발은 선생님의 말씀에 의문을 품고 자기 생각을 표현하는 행동에 있다. 이것이 적극적인 공부다.

---

4) 이혜정, 〈누가 서울대학교에서 A+를 받는가〉, 다산에듀, 46~55쪽

3. 생각, 뇌를 쓰면 공부 효율이 높다.

논어 2-15

공자가 말했다.
"배우기만 하고 생각하지 않으면 남는 것이 없고, 생각만 하고 배우지 않으면 위태롭다."

子曰 學而不思則罔, 思而不學則殆.
자왈 학이불사즉망, 사이불학즉태.

배움(學)과 생각(思)에 대한 진리를 간결하고 압축된 형식으로 보여준다. 새롭게 배운 것을 생각하지 않고 흘려버리면 아무것도 남지 않는다. 새로운 것을 배우지 않고 자기 생각만 고집하면 위태롭다. 이 문장의 주어는 군자(君子)다. 군자는 자기 자신의 인격 수양을 위해 학문하는 존재다. 군자가 배우는 것 자체에만 몰입해 배운 것을 다시 익히고 반추하는 일을 소홀히 한다면 속임수(罔)에 빠지기 쉽다. 반대로 배움 없이 생각만 한다면 말과 행동이 참되지 않고 위태롭다(殆).

배우기만 하고 생각하지 않으면 남는 것이 없다는 말은 메타인지 학습과 관련된다. 논어의 말씀이 최신 학습이론과 연결된다. 메타인지는 자기 생각을 바라보는 생각과 힘을 말한다. 학업 성취가 높은 사람들은 머리가 좋아서가 아니다. 효율적으로 학습하는 방법을 알고, 공부하면서 끊임없이 생각하기 때문이다.

내가 고등학교 때 일이다. 우리 반에 항상 전교 1등을 하고 서울대

물리학과에 진학한 친구가 있었다. 시험 시간에 친구가 공부하는 모습을 지켜보았다. 편한 자세로 의자에 등을 기댄 채 책을 쓱쓱 넘기다가 멍하니 있었다. 한 번 쓱 보고 멍하니 있으니 공부하지 않고 쉬는 줄 알았다. 볼 때마다 그런 모습이라서 '도대체 공부는 언제 하는 거지?'라는 생각이 들었다.

고등학교 때는 친구가 머리가 좋아서 공부를 잘하는 줄 알았다. 나중에 알고 보니 친구는 공부할 때 멍하니 있던 게 아니었다. 공부한 내용을 머릿속으로 정리하는 습관이 있었다. 생각하는 그 시간 덕분에 공부 효율이 높았다.

공부를 잘하는 방법은 배운 내용을 자기식으로 정리하는 것이다. 책을 보지 않고 공부한 내용을 머릿속으로 떠올리고, 배운 것을 곱씹어 보고 생각나지 않는 부분만 다시 정리하면 된다. 나는 그렇지 않았다. 책에 밑줄을 쳐가며 두세 번씩 읽고 오랫동안 공부했지만 남는 게 없었다. 배운 것을 다시 생각하는 시간이 없었기 때문이다.

우리 뇌의 질량은 체중에 2%뿐이지만 몸이 사용하는 전체 에너지의 20% 이상을 쓴다. 빵을 5개 먹으면 그중에 1개는 뇌가 먹는 셈이다. 뇌는 유지비가 비싼 기관이기 때문에 우리 몸은 가능하면 뇌를 쓰지 않으려고 한다. 인터넷 강의로 공부하는 일이 편한 이유가 여기에 있다. 생각하지 않기 때문이다.

강사가 가르쳐주는 것을 봤으니 공부를 다 했다고 느끼지만 정작 남는 게 없다. 인터넷 강의를 보고 배운 것을 머릿속으로 다시 생각해야 공부가 된다. 일부러 뇌를 자극하고 지속해서 생각해야 한다. 반복해서 책을 읽는 일은 시간만 오래 걸리고 남는 게 없다. 책을 한 번 읽

초등 논어 수업

더라도 뇌를 써서 배운 내용을 자기식으로 정리해야 각인된다.

메타인지 학습법은 뇌를 쓰는 공부법이다. 대표적으로 SQ3R이 있는데, Survey, Question, Read, Recite, Review에서 앞 글자를 딴 것이다.

Survey 단계에서는 학습에 들어가기에 앞서 책 전체 내용을 가볍게 살펴본다. 제목, 소제목, 삽화, 도표, 요약 내용 등을 살펴보며 키워드와 친숙해진다. Question 단계는 앞 단계에서 읽은 내용을 바탕으로 스스로 질문한다. 이 단원은 무엇에 관한 것이지? 이 단원에 대해 내가 이미 알고 있던 것은 뭐지? 등 자유롭게 질문을 던진다. 주제에 대해 질문하면서 뇌를 능동적으로 활성화한다.

Read 단계는 앞에서 던진 질문에 대한 답을 찾으며 읽는다. 목적이 있는 읽기를 하면 집중력이 좋아진다. Recite 단계는 읽은 내용을 자신의 언어로 요약한다. 책을 덮은 뒤 핵심을 파악해보고 내가 던진 질문에 답해본다. 머릿속에서 중요한 내용을 체계화시킨다. Review 단계는 복습이다. 본문을 다시 읽으면서 전 단계에서 완전히 체화하지 못한 내용을 점검하고 부족한 부분을 채워 넣는다.

SQ3R 공부법의 핵심은 끊임없는 생각에 있다. 단계마다 계속 생각하면서 배우면 학습 내용을 뇌에 구조화할 수 있다. 자신의 언어로 요약하는 Recite 단계를 통해 어떤 내용이 중요한지 구분하면서 내용 간에 관계를 유기적으로 파악한다. 질문하고 답하는 과정과 내용을 구조화하는 과정을 통해 새로운 정보를 쉽고 빠르게 받아들일 수 있다.

학습 능력이 향상되어 공부하는 시간도 줄어든다. 학습한 내용이 유기적으로 연결되어 있어 하나를 기억하면 다른 내용도 쉽게 떠올릴 수 있다. 복습할 때마다 처음부터 끝까지 정독하지 않아도 된다. 머릿속에 있는 구조에 망각한 내용만 추가하면 되므로 능률이 높다. 또한 메타인지 능력을 높일 수 있다. 질문하고 해답을 찾아가는 과정에서 내가 어떤 정보를 알고 모르는지 알게 된다. 자연스럽게 내가 얼마만큼 아는지 정확히 판단할 수 있다.

초등 논어 수업

메타인지
가능과 불가능의 경계를 구분한다

시험을 볼 때 찍어서 문제를 맞혔다면 자기 실력이 아니다. 운이 좋아 맞았을 뿐이다. 문제와 관련된 지식을 제대로 모르기 때문에 찍어서는 반복해서 문제를 맞힐 수 없다. 반복할 수 없다면 내 실력이 아니다. 반면에 반복해서 여러 문제를 맞혔다면 관련된 지식을 알고 있다는 뜻이다. 무언가를 반복할 수 있다면 그것은 내가 지닌 자질이다.

내가 어느 부분까지 반복할 수 있는지 아는 능력이 메타인지다. 내 역량을 통해 반복해서 할 수 있는 가능의 영역이 있다. 반대로, 내 능력으로 반복해서 할 수 없는 불가능의 영역이 있다. 가능과 불가능의 경계를 파악하는 사람은 메타인지가 높다. 메타인지가 높은 사람은 내가 무엇을 할 수 있고, 무엇을 할 수 없는지를 구분한다. 내가 할 수 있는 부분에 집중하여 가능의 영역을 확장한다.

마라톤 완주가 꿈인 사람이 있다. 평소에 어떤 운동도 하지 않았다.

전 구간을 달릴 수 없다는 걸 알기에 단축 마라톤을 목표로 삼았다. 아침에 일어나 조깅을 했다. 숨이 차 더는 달릴 수 없을 때 거리를 확인해 보니 2km를 뛰었다. 매주 1km를 더 뛰기로 했다. 다음 주는 3km, 그 다음 주는 4km를 뛰는 것이다. 목표를 낮추니 매일 달리기를 할 수 있었고, 두 달 뒤 그는 마라톤 대회에서 10km를 완주했다.

처음 그가 달릴 수 있는 거리는 짧았다. 자신이 반복할 수 있는 영역이 좁다는 사실을 알게 됐다. 마라톤 풀코스는 불가능하다는 사실을 알았기 때문에 목표를 수정했다. 단번에 10km를 달리는 일도 불가능했다. 대신 목표를 쪼개 자신이 할 수 있는 부분에 집중했다. 매주 1km씩 달리는 거리를 늘려 8주 뒤에는 목표를 달성할 수 있었다.

이 사람은 앞으로 어떤 길을 걸을까? 목표를 완주했으니 도전을 멈출까? 그렇지 않다. 가능의 영역을 확장해간다. 하프 마라톤에 도전하고 풀코스에 도전한다. 더 나아가 전 구간을 3시간 안에 달리는 서브-3에도 도전한다. 내가 반복할 수 있는 부분에 집중하고 가능의 영역을 확장해간다면 무엇이든 이룰 수 있다.

모든 성취는 작은 부분에서 시작한다. 작은 성취를 반복하다 보면 가능의 영역을 넓힐 수 있다. 자기 한계를 딛고 가능의 영역을 넓혀 최종 성취에 도달한다. 처음부터 너무 높은 목표만 바라보면 지금 당장 할 수 없는 불가능한 영역이기 때문에 시도할 엄두를 내지 못한다.

지혜로운 사람은 최종 목표를 나눈다. 가능과 불가능의 경계를 구분하고 현재 자신이 할 수 있는 부분에 집중한다. 가능의 영역을 넓혀 앞으로 나아간다. 이것이 메타인지의 힘이다. 메타인지가 높은 사람은 지혜롭다.

논어 2-17

공자가 말했다.

"유야! 너에게 앎에 대해 가르쳐주겠다. 아는 것을 안다고 하고 모르는 것을 모른다고 하는 것이 참으로 아는 것이다."

子曰 由! 誨女知之乎. 知之爲知之, 不知爲不知, 是知也.

자왈 유! 회녀지지호. 지지위지지, 불지위불지, 시지야.

유는 공자의 제자로 성명은 중유(仲由)이며 자로(子路)라고 불린다. 자로는 산동성 출신으로 공자보다 9살 아래였고, 제자 중에서 나이가 가장 많았다. 자로는 공자의 문하에 입문한 후 헌신적으로 공자를 섬겼다. 공자도 자로를 사랑하여 〈논어〉 곳곳에 그에 대한 애정이 표현되어 있다.

자로는 성미가 거칠었으나 꾸밈없고 소박한 인품을 가졌다. 믿음직하고 착실한 제자였다. 용기가 많아 가르침을 받으면 곧바로 실천에 옮겼다. 때로는 용기가 지나쳐 일을 그르칠 때도 있었다. 공자는 자로에게 도의를 기준으로 용기를 펼치라고 강조했다. 순진한 성격의 자로가 배움을 익혀가는 와중에 혹시라도 교만에 빠질 것을 경계했다.

우리 주변에는 두 가지 부류의 사람이 있다. 첫째, 책 하나를 읽고 그에 관한 모든 것을 다 안다고 떠벌리는 사람이다. 둘째, 새로운 책을 읽어갈 때마다 자신이 알고 있던 지식이 얼마 되지 않는다는 사실을 깨닫는 사람이다. 첫 번째 부류는 권위적으로 생각하고 독단적인 태도를 보인다. 자기 판단과 방식이 항상 옳다고 여겨 주변을 힘들게 한다. 반면 두 번째 부류는 세상 모든 것을 안다고 여기는 태도를 경계한다. 공부하면 할수록 모르는 게 많다는 걸 인정하고 겸손하다.

지혜로운 사람은 안다는 것의 의미가 무엇인지 생각한다. 어떤 지식을 알지만 다른 각도에서 바라보면 사실이 달라질 수 있다는 점을 인정한다. 안다는 것을 안다고 말하고, 알지 못하는 것을 알지 못한다고 말한다. 아는 것과 알지 못하는 것을 구분하는 일이야말로 진정한 앎이다. 10개를 알면서도 자신이 아는 것과 모르는 것을 분간하지 못하는 사람보다는 5개를 알더라도 자신이 아는 것과 모르는 것을 정확히 분간하는 사람이 지혜로운 사람이다.

2010년 EBS에서 학업 성취도와 기억력의 상관관계에 관한 실험을 했다. 상위 0.1%의 학생과 일반 학생들을 비교했다. 학생들은 서로 연관이 없는 단어 25개를 3초씩 듣고 외워야 했다. 3분 동안 기억나는 단어를 적었는데 성적이 뛰어난 학생들과 일반 학생들 모두 평균 8개를 기억했다. 기억력에는 차이가 없었다.

차이는 자기가 몇 개의 단어를 쓸 수 있는지 알아보는 실험에서 발생했다. 일반 학생 중 자신이 몇 개를 기억할지 맞힌 사람은 한 명도 없었다. 하지만 0.1%의 학생들은 한 명을 제외하고 모두 자신이 몇 개의 단어를 쓸 수 있는지 맞혔다. 성적이 뛰어난 학생들은 자기가 무엇을, 얼마나 할 수 있는지 알고 있었다.[5]

최상위 학생들과 일반 학생들의 IQ 차이는 134와 125로 크지 않았

---

5) EBS, 〈학교란 무엇인가〉, 중앙 books, 210~217쪽

다. 두 집단의 차이가 기억력으로 인해 발생하지 않았다는 뜻이다. 최상위 학생과 일반 학생을 가르는 기준은 본인이 얼마나 알고 있는지 파악하는 능력이다. 자신이 아는 것과 모르는 것을 정확히 간파하는 능력이 바로 메타인지다. 실험 결과는 학습을 잘하기 위해서는 기억력보다 메타인지 능력이 더 중요하다는 사실을 보여준다.

그렇다면 0.1%의 학생들은 어떻게 해서 메타인지가 높을까? 최상위 학생들은 일반 학생들보다 설명을 많이 한다. 이 학생들은 친구가 모르는 것을 물어보면 친절하게 설명해준다.

세상에는 두 가지 지식이 존재한다. 알고 있다는 느낌은 있지만, 남들에게 설명을 못 하는 지식과 알고 있다는 느낌이 있고 남들에게 설명도 가능한 지식이다. 남에게 설명을 제대로 하지 못한다면 내가 완전히 알고 있는 지식이 아니다. 0.1% 학생들은 설명하는 행위를 통해 이러한 사실을 인지하고 체득한다. 설명을 통해 본인이 정확히 알지 못하는 지식이 무엇인지 확인한다.

EBS는 0.1% 학생들이 1시간 동안 설명할 때 말문이 막히는 횟수를 세어보았다. 대략 12번 정도였다. 말문이 막힌다는 것은 모른다는 사실을 몰랐다는 뜻이다. 최상위 학생들은 말문이 막히는 과정에서 아는 줄 알았는데 사실은 잘 모르고 있었던 부분을 깨닫는다. 이를 통해 몰랐던 12개가량의 지식을 다시 습득할 수 있었다. 0.1% 학생들은 설명하는 행위를 통해 메타인지 능력을 기를 수 있었다. 이들의 메타인지 능력은 일반 학생들과의 수준 차이를 불러왔다.

일반 학생들은 아는 것과 모르는 것을 확실하게 구별하지 못한다. 자기가 무엇을, 얼마만큼 알고 있는지 파악하지 못한다. 남들에게 설명하지 못하는 지식을 어렴풋하게 알고 있다고 착각하기 때문에 공부를 깊게 하지 않는다.

메타인지가 부족하면 심각한 상황이 벌어지기도 한다. 자기 경험을 일반화하여 그것만이 옳다고 주장한다. 오히려 남을 가르치려 든다. 이들은 모르는 것을 안다고 고집한다. 잘못된 사실을 맞다고 우겨 주변 사람을 힘들게 만든다.

논어 2-15

공자가 말했다.

"배우기만 하고 생각하지 않으면 남는 것이 없고, 생각만 하고 배우지 않으면 위태롭다."

子曰 學而不思則罔, 思而不學則殆.
자왈 학이불사즉망, 사이불학즉태.

배움에는 생각이 함께 있어야 더 깊은 배움이 가능하고, 생각에는 배움이 갖춰져야 좁은 식견에 빠지지 않는다. 생각과 배움은 군자(君子)가 되려는 자에게 필요한 두 가지 조건이다. 반대로 소인(小人)은 배우기만 하고 생각하지 않거나, 생각만 하고 배우려 하지 않는다. 둘 중 어떤 사람이 더 위험할까? 공자는 생각만 하고 배우려 하지 않는 사람을 더 위험하다고 봤다.

위령공(衛靈公)편 30장에서 공자는 이렇게 말한다. "내가 일찍이 낮에는 밥도 먹지 않고 밤에는 밤새도록 잠도 자지 않고 생각만 해보았지만 얻는 것이 없었다. 배우는 것만 못하다." 공자는 도를 넓히기 위해 생각(思)만 해보았지만 얻는 것이 없었다고 실토한다. 아무것도 하지 않으면서 생각만 하고 앉아 있는 것보다는 차라리 배우는 일이 훨씬 낫다는 결론을 내렸다. 그렇다면 왜 생각만 하고 배우지 않는 사람은 위태로울까?

tvN 예능프로그램 〈라끼남〉에서 강호동이 이와 관련된 말을 했다. "원래 책 한 권 읽은 사람이 제일 무섭거든! 많이 읽는 사람이 아니야! 안 읽는 사람이 아니야! 한 권 읽은 사람의 철학이 제일 무서운 거야!"

책을 많이 읽은 사람이나 공부를 많이 한 사람은 겸손하다. 배우면 배울수록 세상에 배워야 할 내용이 늘어나기 때문이다. 공부하면 할수록 모르는 것이 더 많다는 사실을 깨닫는다. 벼는 익을수록 고개를 숙인다. 그럼 한 권도 안 읽은 사람은 어떨까? 이들도 겸손하다. 아무것도 모른다는 사실을 알기 때문에 자만하지 않는다.

그럼 잘난 척하는 사람은 누구일까? 책을 한 권만 읽고 어설프게 아는 사람이다. 이들은 보잘것없는 지식을 가지고 있지만, 자신의 견문이 뛰어나다고 착각한다. 한 권의 책으로 세상 전부를 이해할 수 있다고 자만한다. 아는 게 많다고 자신을 과시한다.

하지만 한 권의 책만으로 세상 전부를 이해할 수 없다. 세상은 복잡하고 처지와 맥락이 바뀌면 결론은 달라진다. 이런 사실을 모른 채 좁은 식견으로 세상을 단정하는 사람은 무서운 결과를 초래한다. 자기 생각이 모두 맞다고 생각하는 사람만큼 위태로운 사람도 없다. 어설프게 아는 사람이 자기주장이 확고하면 위험하다.

공자가 말했다.

"하늘의 뜻을 알지 못하면 군자가 될 수 없고, 예법을 알지 못하면 세상에 나설 수 없으며, 말을 알아듣지 못하면 남을 이해하여 알아차릴 수 없다."

子曰 不知命, 無以爲君子也, 不知禮, 無以立也, 不知言, 無以知人也.
자왈 부지명, 무이위군자야, 부지예, 무이립야, 부지언, 무이지인야.

논어는 모두 20편, 482장으로 구성되어 있다. 482번째 마지막 구절이다. 마지막 내용은 첫머리 학이(學而)편 1장만큼 중요하다. 공자의 세 가지 말씀으로 끝을 맺고 있다. 이 구절의 숨은 뜻을 이해하기 위해서는 명(命)의 뜻을 제대로 알아야 한다.

예를 들어 옥황상제가 "너의 수명은 80이다."라고 말한다면 그 사람은 80세까지만 살 수 있고 81세는 허용되지 않는다. 수명은 내가 이 세계에서 살 수 있는 최대치다. 즉, 명(命)이란 자기 최대치와 한계를 의미한다. 명(命)을 안다는 것은 자기 자신을 아는 메타인지와 연결된다.

명(命)이 중요한 이유를 헤아리려면 반대 상황을 떠올리면 된다. 설악산 대청봉과 공룡능선에 오르는 것이 한계인 사람이 자신의 명(命)을 알지 못하면 어떤 일이 일어날지 생각해보자. 설악산에 한 번 올랐다고 자만해서 곧바로 에베레스트산에 오르겠다고 건방을 떤다. 설악산이 자기 한계인데 에베레스트산에 오르게 되면 그 사람도 위험하고 같이 가는 사람도 위험해진다.

자기 한계를 모르면 위험하다. 자신이 도달할 수 있는 최대치를 모르면 주변 사람을 위태롭게 한다. 명(命)을 모르면 자기 삶을 이끌어 갈 수 없고 다른 사람을 이끄는 지도자가 될 수 없다. 그러니 명을 모르면(不知命) 군자가 될 수 없는 것이다(無以爲君子也).

10km 단축 마라톤을 완주했던 사람을 떠올려보자. 불가능했던 공간을 가능의 영역으로 넓혀갔던 그는 마라톤 풀코스에 도전할 수 있다. 하지만 그는 도전을 멈춘다. 더 많이 뛰게 되면 자신에게 독이 된다는 사실을 알았기 때문이다. 족저근막염으로 발뒤꿈치 통증이 심해져 더는 달릴 수 없었다. 아침에 일어나면 통증이 심해 걸을 수조차 없었다. 평소에 운동하지 않다가 무리하게 달리기를 해서 병이 생긴 탓이다. 꿈을 이루지 못해 아쉽지만, 치료를 우선으로 생각하기로 했다.

만약 그가 아픈데도 불구하고 계속해서 마라톤에 도전하게 되면 어떻게 될까? 몸도 아프고 마음마저 병든다. 이루지 못한 꿈에 집착하기 때문이다. 그의 고집으로 주변 사람까지 괴롭다. 하지만 그는 자기 자신을 불굴의 의지로 어려움에 맞선 사람이라고 생각한다. 꿈을 포기하지 않고 도전하는 사람이라고 합리화한다. 주변 사람들에게도 그럴까? 그렇지 않다. 어리석고 미련한 사람일 뿐이다.

메타인지가 높은 사람은 내가 무엇을 할 수 있고, 무엇을 할 수 없는지 구분한다. 내가 할 수 있는 부분에 집중하여 가능의 영역을 계속 확장해나갈 수 있다. 반대로 내가 할 수 없는 한계치를 알고 포기할 줄도 안다. 자기 최대치와 한계를 알고 꿈을 포기할 수 있는 사람은 슬기

롭다. 메타인지가 높은 사람은 지혜롭다.

목표를 잘게 쪼개고 내가 할 수 있는 부분에 집중해서 앞으로 나아가는 전략은 지혜롭다. 자신의 한계를 알고 뒤로 물러서는 사람도 지혜롭다. 그럼 도대체 언제 도전을 해야 하고, 언제 포기를 해야 할까? 최종 판단은 나만 내릴 수 있다. 처한 상황과 맥락이 다르면 결말이 달라지니 다른 사람의 의견은 부차적이다. 온전히 내가 선택하면 결과에 책임질 수 있다. 메타인지가 높은 사람은 이 어려운 순간에 적확한 판단을 내린다. 자기 자신을 알고 가능과 불가능의 경계를 구분하기 때문이다.

논어의 첫 구절과 마지막 구절은 이 선택의 순간과 관련이 있다. 학습하여 예전보다 더 나은 존재가 되라고 주장하는 첫 구절을 기억하는가? 이 구절과 마지막 구절을 비교해보자.

논어 1-1

공자가 말했다.

"몰랐던 것을 배우고서 때에 따라 익히면 기쁘지 않겠는가? 친구가 먼 곳에서 찾아오면 즐겁지 않겠는가? 남이 나를 인정해주지 않아도 화내지 않는다면 군자가 아니겠는가?"

子曰 學而時習之, 不亦說乎? 有朋自遠方來, 不亦樂乎? 人不知而不慍, 不亦君子乎?
자왈 학이시습지, 불역열호? 유붕자원방래, 불역락호? 인부지이불온, 불역군자호?

초등 논어 수업

우리는 학습을 통해 자신의 온전함과 자기완성을 경험한다. 새로운 것을 학습하면서 우리는 자신을 변화시킨다. 새로운 삶의 방식을 만들 수 있다. 학습하면 우리는 다른 존재가 된다. 학습하면 남이 나를 인정해주지 않아도 좋을 만큼 기쁘다. 논어의 맨 처음은 현재의 조건에 안주하지 말고 배움을 통해 자신을 성장시키라고 한다. 마지막에서는 자기 한계를 알고 겸손해지라고 말한다. 나아갈 때와 물러날 때를 알라는 말이다. 성균관대학교 신정근 교수는 논어에 대해 이렇게 말한다.

> 만일 자동차에 제동장치와 브레이크랑 액셀이 없다면 얼마나 무료하겠습니까. 그러나 가속이 붙어 질주하기 시작하면 브레이크를 밟아서 속도를 늦춰야 안전하고 행복한 삶을 영위할 수 있습니다. 이렇게 볼 때 논어는 가속 없는 인생의 무료함, 감속 없는 인생의 위험함, 이 무료함과 위험함을 줄여주는 가속과 감속의 균형 잡힌 운전을 통해서, 흥미와 즐거움과 안전을 누릴 수 있는 삶을 살아가도록 만드는 구조로 되어 있다고 할 수 있습니다.[6]

논어의 첫 구절은 가속페달이다. 자동차 액셀을 밟으면 엔진의 회전수와 출력이 높아진다. 우리도 학습을 통해 자기를 혁신하고 앞으로 나아갈 수 있다. 마지막 구절은 브레이크다. 자동차는 브레이크로 속도를 조절한다. 차에 제동장치가 없다면 아슬아슬하고 조마조마하다. 우리도 자기 한계를 알고 물러날 줄 알아야 위태롭지 않다.

---

6) 신정근, 〈인문학 명강〉, 21세기북스, 53쪽

인생은 타이밍이다. 논어의 처음과 끝은 타이밍을 묻는다. 당신의 현재는 나아갈 때인가, 물러날 때인가? 자원과 힘을 모아 쏟아낼 때인가, 한 박자 쉬어갈 때인가?

교사 "아는 것을 안다고 하고 모르는 것을 모른다고 하는 것이 참으로 아는 것이다." 이 말은 무슨 뜻인가요?

재은 내가 알고 있는 것을 안다고 말하고, 모르는 것을 모른다고 말해야 하니까 그것을 내가 알고 있는지, 모르는지 나에 대해서 알아야 해요.

교사 그런 걸 메타인지라고 해요. 오늘의 구절에 대해 다르게 생각하는 사람 있나요?

은혜 대충 아는 것을 안다고 하면 안 된다는 얘기예요. 미디어 리터러시 수업에서 그랬잖아요. '이게 맞는 일인가?' 다시 생각해보라고요.

교사 미디어 리터러시 수업에서 어떤 사례가 있었죠?

예린 어떤 사람이 신문 기사에 3일을 사흘이라고 표현했다고 기자에게 욕했어요. 본인이 사흘, 나흘을 잘못 안 건데 말이에요.

교사 잘 모르는 사실을 안다고 말하면 위험하다는 내용의 논어 구절이 있었어요. 기억하나요?

경민 학이불사즉망, 사이불사즉태요.

대연 자기 생각만 주장하고 배우지 않는 사람은 내가 알고 있는 것이 전부라고 고집해요. 제대로 알지 못하는데 모든 것을 안다고 하면 위태로워요.

도덕성

경쟁력을 높이는 첫 단추

아이가 100점을 받아왔다. 칭찬하려는 순간, 아이가 고백한다. "사실 한 문제를 몰라서 커닝했어요." 아이에게 무슨 말을 할 것인가? 잘못한 일이라고 혼을 낼 것인가? 한 문제쯤이면 괜찮다고 할 것인가? 사고실험을 더 해보자.

아이가 5년째 공무원 시험을 보고 있는데 하필 마지막 문제가 헷갈린다. 한 문제 차이로 당락이 결정되는 상황이다. 책상 서랍에 둔 공책을 보면 답을 알 수 있다. 답을 맞히면 합격, 틀리면 불합격! 아이가 어떤 행동을 하길 바라는가?

우리는 도덕성이 높으면 손해를 본다고 생각한다. 타인과 경쟁이 심해지는 상황에서 도덕을 지키면 바보가 된다. 다른 사람을 먼저 생각하면 내 몫을 잃기 때문이다. 다른 사람을 배려하기보다 자신의 이익을 먼저 챙기고 양심에 어긋나는 행동도 서슴없다. 부도덕한 행동을 하고 나서도 부끄러움을 모른다. 오히려 "털어서 먼지 안 나는 사람 없다."는 말을 한다. 사소한 잘못에는 눈을 감자는 이야기다.

제20대 대통령 선거를 30일 앞두고 만 18세 이상 성인 남녀 1,076명을 대상으로 설문조사를 했다. 선거에서 누구를 뽑을지 결정할 때 가장 중요하게 고려하는 것은 무엇이냐고 물었다. 인물과 능력을 꼽은 응답자가 35.7%로 가장 많았다. 정책 및 공약이라고 응답한 이들이 25.1%로 그다음이다. 도덕성은 15.2%로 세 번째다. 사람들은 도덕성에 흠집이 있더라도 일 잘하는 인물을 선호한다. 당신은 어떤가? 도덕성과 능력 중에 무엇이 더 중요하다고 생각하는가?

하버드 경영대학원 에이미 커디(Amy Cuddy) 교수는 첫인상에서 두 가지 요소가 중요하다는 사실을 발견했다. 바로 따뜻함과 유능함이다. 사람들은 첫 만남에서 자기 능력을 보여주길 원하지만, 첫인상을 결정하는 데는 유능함보다 따뜻함이 더 중요하다. 이는 진화론적인 관점에서 봐야 한다. 원시시대로 돌아가 함께 살 동료를 맞이하는 상황을 상상해보자. 장작을 많이 팰 수 있는 사람보다 우리 재산을 가로채지 않을 사람을 가려내는 게 먼저다. 따뜻함으로 신뢰성이 먼저 입증되어야 유능함이 높은 평가를 받을 수 있다. 첫 만남에서 지나치게 능력을 뽐내면 역효과를 가져온다. 타인의 능력은 위협이 될 수 있기 때문이다.[7]

채용플랫폼 사람인이 기업 인사담당자들을 대상으로 설문조사를 했다. 경력직을 채용할 때 그 사람에 대해 알고 싶은 것이 무엇인지 물었다. 1위는 '인성 및 성격'이었다. 2위는 '상사, 동료와의 대인 관계'로

---

7) 강원국, 〈강원국의 어른답게 말합니다〉, 웅진 지식하우스, 17쪽

초등 논어 수업

성품과 관련 있다. 실력에 해당하는 '업무 능력'은 4위에 그쳤다. 직장인 1,019명을 대상으로 진행했던 설문에서도 '인성이 우수한 동료를 선호한다'(49.4%)는 답변이 '업무 능력을 선호한다'(9%)는 응답보다 5배 넘게 많았다.

실질적인 인간관계에서는 따뜻함이 유능함보다 우선한다. 사람을 만나는 상황에서 우리의 무의식은 다른 판단을 내린다. 기본 인성으로 신뢰 관계가 형성되어야 비로소 그 사람의 능력을 보게 된다. 도덕성이 능력보다 우선이다. 정직하면 손해라는 생각은 착각이다. 도덕성은 곧 경쟁력이다.

사람은 혼자서 살 수 없다. 다른 사람과 도움을 주고받으며 관계를 맺고 살아야 한다. 시대를 막론하고 인간은 협동하여 성과를 내는 공동체 생활을 해왔다. 사람을 평가하는 기준으로 도덕성이 능력을 앞서는 사실은 예나 지금이나 같다. 앞으로도 이 사실은 변하지 않는다.

4차 산업혁명 시대에 학교에서는 어떤 교육을 해야 하고, 어떤 사람을 길러내야 하는지 말들이 많다. 하지만 이런 시대일수록 도덕성이 주목받는다. 지식을 쌓는 일도 필요하지만, 그 사람의 사회성과 일하는 태도는 귀중하다. 이번 장에서는 논어를 배우면서 아이들과 나눴던 대화를 통해 도덕성을 어떻게 기를 수 있는지 살펴보자.

논어 3-24

의 고을의 관리가 공자를 뵙기를 청하며 말하였다.
"군자가 이 땅에 왔을 때 내 일찍이 만나보지 못한 적이 없었다."

공자를 따르던 사람들이 뵙게 해주자, 그가 공자를 뵙고 나오면서 말하였다.
"그대들은 어찌 선생의 탁월한 덕성이 빛을 보지 못하고 소멸할까 걱정하는가? 천하에 도가 없어진 지 오래되었지만, 하늘이 장차 선생을 목탁으로 삼으실 것이다."

儀封人請見曰 君子之至於斯也, 吾未嘗不得見也.
의봉인청견왈 군자지지어사야, 오미상부득견야.
從者見之, 出曰 二三子何患於喪乎?
종자견지, 출왈 이삼자하환어상호?
天下之無道也久矣, 天將以夫子爲木鐸.
천하지무도야구의, 천장이부자위목탁.

춘추시대 말기, 추상적인 이상보다는 실리를 추구하며 부국강병을 목표로 하는 제후국들이 세력을 부풀리며 성장했다. 위나라 군주 위령공도 나라를 부유하게 만들고 군대를 강하게 하는 방법에 관심이 있었다. 그는 사람의 능력을 파악하여 적재적소에 인재를 임명했다. 능력이 뛰어난 세 명의 대신 공문자, 축타, 왕손가를 뽑아 나라를 원활하게 다스렸다.

위령공은 공자에게도 직무를 맡길 수 있는 능력이 있는지 알고 싶었다. 위령공은 공자에게 군사작전에서 진을 치는 병법인 진법에 관해 물었다. 공자는 "제사를 모시는 등의 예법에 관한 일은 제가 일찍이 겪어

보고 들어 알고 있지만, 군대에 관한 일은 아직 배우지 못했습니다."라고 답했다. 부국강병을 묻는 위령공에게 공자는 군주의 극기복례(克己復禮)를 주장했다. 덕치(德治)를 강조한 공자는 그의 환심을 얻지 못했다. 위령공은 공자를 외면했고 공자와 제자들은 위나라를 떠날 수밖에 없었다. 스승의 덕성이 세상에 펼쳐지지 못하자 제자들은 못내 아쉬워했다.

의(儀)는 송나라와 국경을 접한 위나라 고을이다. 송나라로 넘어가는 길에 국경을 관리하는 하급 관리 봉인(封人)이 공자를 만나고 싶다고 청했다. 자신은 그곳을 지나가는 군자를 지나친 적이 없다고 했다. 이에 공자의 제자들이 만남을 주선했다.

봉인이 공자와 만나 무슨 이야기를 했는지는 그가 한 말을 통해 추측해볼 수 있다. "여러분들은 선생님의 덕성이 빛을 보지 못할까 봐(喪) 걱정할 필요가 없습니다. 천하에 도가 없어진 지 오래되었지만, 하늘이 장차 선생님을 목탁(木鐸)으로 삼으실 것입니다." 봉인은 공자를 알아볼 수 있는 안목이 있었다. 공자를 통해 도(道)가 회복될 가능성을 보았다. 어진 사람이었던 그는 낙심한 제자들을 위로하고 용기를 주었다.

위령공은 나라를 다스릴 때 실질적으로 필요한 능력을 중시했다. 반면 공자는 군주의 덕성이 더 중요하다고 생각했다. 이에 대해 아이들은 어떻게 생각을 하는지 이야기를 나눴다.

교사 여러분이 회사에 취직해서 두 명의 동료를 만나게 되었어요. 한 명은 일을 잘하는데 도덕성이 떨어지는 사람이고요. 다른 한 명은 도덕성은 좋은데 일을 잘하지 못하는 사람이에요. 여러분은 두 사람 중에 어떤 사람과 일하고 싶나요?

수아 당연히 도덕성이 좋은 사람하고 일을 하죠. 인성이 나쁜 사람
　　　하고는 일 못 해요.

교사 일을 못해서 그 사람 일까지 내가 떠맡을 수도 있으면요?

수아 일을 제가 해야 한다고요? 그럼 곤란한데…….

지선 제가 옆에서 일을 잘할 수 있도록 도와주면 되죠. 한 번 알려
　　　주면 다음에는 일을 알아서 잘하지 않을까요?

태균 그럼, 도덕성이 부족한 사람도 도덕성이 좋아지도록 도와주면
　　　되겠네요. 같이 야근도 하고 회식도 하면서요. 술 한 잔 촤악
　　　따라주면서 친해지는 거죠.

교사 일을 잘할 수 있도록 돕는 게 쉬울까요? 아니면 도덕성이 좋아
　　　지도록 돕는 게 쉬울까요?

세빈 일을 돕는 거요. 태도가 좋은 사람은 무슨 일이든 열심히 하잖
　　　아요. 도덕성이 좋은 사람은 태도가 좋아서 열심히 배울 것 같
　　　아요.

교사 여러분들이 선택한 것처럼 다른 사람들도 일을 잘하는 사람보
　　　다는 도덕성이 좋은 사람을 고를 거예요. 여러분도 도덕성이
　　　좋은 사람이 되도록 하세요.

논어 4-12

공자가 말했다.
"이익을 좇아 행동하면 원한을 살 일이 많다."

子曰 放於利而行, 多怨.　　자왈 방어리이행, 다원.

소인(小人)은 편안한 것만 생각하고 자기 이익만 탐하는 사람이다. 작은 것을 탐하다가 큰 것을 잃는 사람이다. 만일 논어가 군자(君子)처럼 행동하고 소인(小人)처럼 행동하지 말라고 주장하기만 했다면 도덕주의라는 비판을 받았을 것이다. 하지만 공자는 도덕주의가 아니라 현실을 이야기한다. 자기 이익(利)에 따라서만 행동하면 남에게 해를 끼치고 다른 사람으로부터 원망을 듣게 된다.

교사 오늘 필사한 구절은 어떤 말인가요?

명진 이익을 좇아 행동하지 말라는 말이에요.

교사 우리는 왜 이익을 좇지 말아야 할까요?

동준 내가 승진하고 싶어서 사장님께 아부를 떨면 주변 사람들에게 원한을 사요.

수아 근데 애들아, 이익을 왜 좇지 말아야 해? 남들이 뭐라고 해도 그 사람들이 내 이익을 대신 챙겨주지는 않잖아. 자기 이익만 생각해서 원한을 받든 말든, 성공하면 되는 거 아니야?

교사 공자의 말씀은 이익을 좇아서 행동하면 원한을 사게 되니 이익을 좇지 말라고 하고요. 수아는 자기 이익을 좇는 것이 꼭 나쁜 건 아니라고 해요. 다른 사람들은 어떻게 생각하나요?

태균 모르겠어요. 머리 아파요.

명진 오늘은 말이 짧은데 굵어. 생각할 게 많아.

교사 여러분 이야기 덕분에 애덤 그랜트(Adam Grant)의 〈기브 앤 테이크〉라는 책이 생각났어요. 그 부분을 설명해줄게요.

애덤 그랜트는 사람을 테이커(Taker), 매처(Matcher), 기버(Giver) 세 가지 유형으로 나눈다. 테이커는 나에게 이익이 돌아올 때만 타인을 돕는다. 매처는 받은 만큼 돌려주는 사람이다. 사람들 대부분이 매처에 속한다. 기버는 받은 것보다 더 많이 준다. 자신이 가진 모든 자원을 동원해 타인을 돕는 사람이다.

이들 중 누가 사회에서 성공할 확률이 높고, 누가 실패할 확률이 높을까? 둘 다 기버다. 성공하는 기버부터 살펴보자. 현대사회에서 사람은 홀로 존재하지 않고 공동체로 살아간다. 성공한 기버는 남을 도와주어 평소에 신뢰를 저축한다. 성공한 기버가 동료에게 도움을 주면 동료는 이를 기억하고 있다가 필요한 순간에 다시 돌려준다. 나중에 꺼내 쓸 신뢰가 풍부해진다. 성공한 기버는 여러 명에게 선행을 베풀었기 때문에 적립했던 도움이 때맞춰 동시에 돌아온다.

성공하는 기버의 선행은 언뜻 보면 손해처럼 보이지만 베풀었던 공로가 한 번 되돌아오기 시작하면 시너지가 생기고 성공의 길이 열린다. 이들의 어진 행실은 자신뿐만이 아니라 주변 사람 모두를 이롭게 한다. 하지만 기버라고 모두 성공하지 않는다. 실패하는 기버는 다른 사람들을 도와주다가 희생만 하고 지쳐버린다. 이기심을 너무 죄악시하고 자기 자신을 잘 챙기지 못한 기버는 실패한다.

우리는 이기심과 이타심을 양극단에 두고 사고한다. 연구를 통해 밝혀진 사실은 이기심과 이타심은 독립적이기 때문에 우리는 이 둘을 모두 가질 수 있다. 성공한 기버들은 강한 동기부여 요소인 이타심과 이기심을 자기 안에 적절히 융합시켜 일을 처리한다. 이런 사람을 이기적 이타주의자라고 한다. 실패한 기버들은 자신은 챙기지 못하고 퍼

주기만 한다. 내가 주인이 아니라 다른 사람이 주인이 되므로 이는 노예적 이타주의다.

이익을 좇아 행동해서 다른 사람에게 원한을 사는 사람은 테이커다. 이들은 힘 있는 동료나 윗사람에게 최선을 다한다. 이득을 얻을 수 있는 사람에게만 잘한다. 이들은 왜 원한을 살까? 대다수의 매처가 있기 때문이다. 매처는 공정성을 중요시해서 좋은 것이든 나쁜 것이든 받은 만큼 되돌려준다. 테이커의 부적절한 행동을 사람들에게 알려 테이커의 명망을 떨어뜨린다.[8]

이야기해주니 아이들의 표정이 진지하다. 모순됐던 생각이 정리되어 기쁜 모습이다. 아이들이 깨닫고 적용할 점을 적었다.

수아 성공하는 기버가 되겠다.

명진 나는 기버가 돼서 이익을 좇지 않고 베풀며 살 거다.

이준 이기적이면서도 이타적인 사람이 되겠다.

세빈 나는 이기적 이타주의 사람이 되겠다. 기버 진화형!!

논어 3-20

공자가 말했다.

"〈관저〉의 내용은 즐겁지만 지나침이 없고, 슬프지만 선한 사람의 마음을 상하게 하지 않는다."

子曰 關雎, 樂而不淫, 哀而不傷.   자왈 관저, 낙이불음, 애이불상.

---

8) 애덤 그랜트, 〈기브 앤 테이크〉, 생각연구소

관저(關雎)는 시경의 첫 번째 편으로 내용은 이렇다.

서로 정답고 화목한 물수리가 물 속 섬에 있고
얌전한 숙녀는 군자의 짝이구나.

시에서 군자는 주(周)나라 문왕(文王)이고 숙녀는 그의 배필 사씨(姒氏)다. 문왕은 덕이 뛰어난 어진 임금이었고 사씨도 지덕이 뛰어나고 왕비로서 풍모를 갖추고 있었다. 궁중 사람들은 이 시를 지어 문왕과 사씨의 부부 금실을 빌었다.

관저(關雎)는 군왕의 부부간 애정이 어떠해야 하는지를 보여준다. 문왕 부부는 즐겁더라도 도에 지나치지 않았고, 슬픈 일이 있더라도 마음이 상할 정도에는 이르지 않았다. 이런 모습이 바람직한 부부 사이의 예(禮)다.

무엇이든 정도가 지나치지 말라는 뜻이다. 좋은 일이 있으면 기뻐하고 즐거워하되 그 즐거움이 과하지 않도록 자제해야 한다. 슬픈 일을 당했더라도 슬퍼하되 너무 감정을 상하게 하거나 몸을 해치지 않도록 조심해야 한다.

교사 오늘의 말씀은 어떤 의미인가요?
이준 무엇이든 지나치면 좋지 않다는 뜻이에요.
교사 우리 일상에서 어떤 일이 있나요?
명진 장난이 지나치면 싸움이 돼요.
지선 즐거운 일도 지나치면 괴로운 일이 돼요.

초등 논어 수업

교사 정도가 지나치지 않게 행동하라는 것이라면, 일할 때는 적당히, 대충하라는 말인가요?

세빈 선생님도 참. 일을 적당히, 대충하는 것은 어떠한 노력이 없는 상태잖아요. 논어의 말은 일을 정성껏 성의를 다하되 지나치지 말라는 거예요.

논어를 배우고 익히면 아이들이 언제나 도덕적으로 훌륭한 행동을 할까? 그렇지는 않다. 쉬는 시간이 끝나갈 즈음, 한 아이가 큰일 났다며 뛰어왔다. 싸움이 벌어졌다고 해서 따라갔다. 쉬는 시간에 우리 반 남자아이들이 5학년 동생들과 피구를 했다. 평소 우리 반 아이들이 피구 하는 모습을 보면, 일부러 상대편을 한 번씩 놀리고 공을 던졌다. 이번에도 이런 행동 때문에 다툼이 시작됐다.

우리 반 한울이가 공을 잡아서 외야에 있는 5학년 가온이를 보며 놀렸다. 공으로 몸을 치면서 심기를 건드렸다. 가온이는 평소 한울이 형이 장난이 심해서 마음이 불편했는데 피구를 할 때도 그러는 걸 보니 화가 났다. 옆에 있던 다른 공을 한울이에게 던졌는데 하필 얼굴에 맞았다. 다른 6학년 아이들이 가온이에게 어떻게 그럴 수 있냐고 따졌다. 가온이는 형이 먼저 놀렸는데 나만 뭐라고 하니 더 화가 나 6학년 모두에게 대들었다. 이 상황을 지켜보던 태균이는 5학년이 6학년을 우습게 여기는 것 같아 가온이에게 니킥을 날렸다.

피구하던 장소로 가보니 가온이와 태균이가 서로 부둥켜안고 꺼이꺼이 울고 있었다. 이미 사과를 다 했다고 한다. 한울이를 불러 가온이와 화해를 시키고 교실로 돌아와 이야기를 나누었다.

교사 오늘 논어에서 무엇을 배웠지요?

세빈 지나치게 행동하면 안 된다고 배웠어요.

명진 장난이 심하면 싸움이 되니 조심해야 한다고 배웠어요.

교사 만약 여러분이 사건이 시작된 그 시각으로 돌아간다면 어떻게 행동할 건가요?

한울 장난을 심하게 치지 않을 거예요.

태균 화를 내지 않고 동생의 말을 들어줄 거예요.

이준 싸움을 지켜만 보지 않고 말릴 거예요.

겨울에는 땅속에서 씨앗이 영글어야 하니 아무리 노력한들 열매가 생기지 않는다. 자연의 변화 과정을 모르는 사람은 겨울에 열매를 맺기 위해 안간힘을 쓴다. 그러고 나서 자기 뜻대로 안 된다며 자책한다.

우리는 이런 사람을 철부지라고 부른다. 철을 모르는 사람이라는 뜻이다. 논어를 읽는다고 아이들 도덕성이 단번에 좋아지지 않는다. 논어를 읽었다고 아이들에게 곧바로 훌륭한 행동을 기대하면 철부지다. 철을 건너뛰려는 행위다. 아이들과 논어를 공부하는 일은 아이들 마음속에 씨앗을 심는 과정이다. 씨앗을 심고 나서 바로 열매가 열리길 바라면 욕심이다. 열매를 보려면 충분한 기다림이 필요하다.

겨울은 만물이 활동을 멈추고 쉬는 듯 보인다. 하지만 땅속 씨앗은 기운을 응축하면서 새봄을 준비한다. 봄에 싹을 틔우기 위해 내공을 쌓고 기본기를 다진다. 마찬가지로 아이들과 논어를 읽는 일도 내공을 쌓는 일이다. 나중에 발현될 도덕성을 위해 최선을 다하는 일이다. 겨울이 지나고 따뜻한 봄이 오면 어느 틈에 벌써 싹이 나온다. 논어를 읽은 아이들도 어느새 자신이 해야 하는 일에 최선을 다하고 다른 사람을 배려한다.

겨우내 땅속에 머물던 씨앗이 땅을 뚫고 실체를 드러내는 것은 만만한 일이 아니다. 옛사람들은 싹이 솟아 나오는 힘을 호랑이에 비유했다. 얼어붙은 땅에서 올라온 싹을 산중에 출몰한 호랑이로 보았다. 싹이 나오는 모습에서 우리는 봄이 열리는 격렬한 에너지를 엿볼 수 있다.[9] 논어를 읽고 도덕적인 행동을 하는 일도 마찬가지다. 자신의 판단으로 도덕적인 행동을 하는 모습에서 우리는 자기 삶을 당당하고 주체적으로 살아가는 아이들의 역동적인 에너지를 볼 수 있다.

논어를 통해 열리는 하나의 싹이 도덕성이라면 다른 싹은 무엇일까? 민주시민과 창조성이다. 앞으로 하나씩 살펴보도록 하자.

---

9) 박장금, 〈사주명리로 삶의 지도 그리기 다르게 살고 싶다〉, 슬로비, 108쪽

5 민주시민
생각의 균형점을 찾는다

민주주의는 무엇인가? 선거는 민주주의의 꽃이라는 말이 떠오른다. 하지만 선거가 민주주의의 모든 것을 대변하지는 않는다. 자유와 평등이라는 말도 생각난다. 이 개념이 민주주의와 어떻게 연결되는 걸까? 우리는 모두 자유, 평등, 민주주의라는 개념은 들어왔지만, 이것들이 우리에게 어떤 영향을 끼치는지 체감하지 못했다. 가족이나 학교에서 민주주의를 경험할 기회를 얻지 못했다. 개인의 자유보다는 조직을 우선시하는 집단주의 공동체를 경험하며 살았다. 이런 괴리감으로 인해 우리는 민주주의에 대해 제대로 알지 못한다.

판사 문유석은 〈개인주의자 선언〉에서 개인의 중요성을 강조한다. 복잡하고 급변하는 현대사회에서는 특정 집단이 우리를 영원히 보호해주지 않는다. 다양한 이해관계를 합리적으로 판단해서 개인이 서로 연대하고 타협해야 한다. 개인이 먼저 주체로 서야 한다. 내가 제대로

서야 다른 사람과의 경계를 인식하고 타인을 존중할 수 있다. 내가 책임질 일이 명확해지고 집단 논리에 휘둘리지 않을 수 있다.

문유석은 우리가 서구에서 수입한 민주주의는 주체적인 개인을 전제로 성립됐다고 말한다. 헌법 질서의 근간도 개인에서 비롯된다. 서구에서는 개인주의가 상식적인 이야기지만 우리 사회에는 아직 내면화되지 못했다. 오랜 역사를 가진 명품을 수입했지만, 장식용에 그치고 있다.[10)]

민주주의는 개인으로부터 출발한다. 나의 자유와 권리를 지키기 위해서는 타인의 자유와 권리를 존중해야 한다. 나 자신이 자유와 권리를 가진 개인인 것처럼 타인도 나와 같은 개인이다.

하지만 나와 타인은 생각과 입장이 다르기 때문에 갈등이 생길 수밖에 없다. 대화와 타협의 과정에서 나와 타인의 경계를 확인하며 서로 존중하는 과정이 필요하다. 개인의 자유와 권리를 최우선 가치로 인식하고 타인의 권리를 침해하지 않아야 우리 모두 온전한 자유를 누릴 수 있다. 이런 원리가 민주시민의 기본자세다.

너와 나의 다름을 인식하고 서로 존중하면서 다양성이 생긴다. 다른 생각과 다른 삶의 방식을 마지못해 용납하는 정도로는 다양성이 확대되지 않는다. 타인의 자유와 권리를 침해하지 않는다면 나와 다른 생각이라도 존중해야 한다. 내 삶이 중요한 것처럼 다른 삶의 방식도 동등하게 존중하는 태도가 필요하다.

다양성은 존중이라는 토양에서 자란다. 상대를 존중하기 위해서는

---

10) 문유석, 〈개인주의자 선언〉, 문학동네, 25쪽

더 적극적인 행동이 필요하다. 나에게 내 나름의 가치 있는 삶을 실현할 권리가 있듯이 다른 사람 역시 가치 있는 삶을 실현할 수 있도록 양보하고 도움을 제공해야 한다. 이것이 배려다. 민주주의는 결국 존중과 배려다. 존중과 배려를 통해 우리는 삶의 선택지를 넓혀갈 수 있다. 선택지가 많아지면 공동체는 더 높은 차원으로 진화할 수 있다.[11]

민주주의는 삶의 선택지를 넓힌다. 존중과 배려는 상대방뿐 아니라 자기 삶의 선택지도 확장한다. 어떤 외적인 압력이나 강제 없이 자기 선택지를 늘려나가는 일이 바로 자유다. 민주주의는 다양성을 통해 우리를 자유롭게 한다.

6월이 시작하니 날씨가 더워져 교실도 후텁지근해졌다. 아이들이 에어컨을 켜달라고 말했다. 1학년 교실은 벌써 에어컨을 틀어서 시원하다고 불만을 제기한다.

태균 선생님 저는 몸에 열이 많아요. 더워서 공부가 안 돼요. 더우면 잠도 제대로 못 자요. 벌써 지난주부터 에어컨을 틀고 잤어요.

이준 저는 덥지만 조금 참았으면 좋겠어요. 기후 위기가 심해지는데 조금 덥다고 에어컨을 트는 건 아닌 것 같아요. 창문을 열면 시원해요.

태균 기후 위기가 심각한 건 저도 알아요. 에너지를 절약해야죠. 하지만 이렇게 땀이 나는데 어떻게 공부를 해요. 지구가 죽기 전

---

11) 권재원, 〈교육 그 자체〉, 우리교육, 51~52쪽

에 제가 먼저 죽겠어요!

교사 여름철 실내 적정 온도가 있어요. 그걸로 규칙을 정하는 건 어때요?

내 말에 아이들이 모두 동의한다. 여름철 실내 온도에 관한 기사를 찾았다. 세 가지 온도가 있다는 사실을 알려주었다. 사람마다 쾌적하다고 느끼는 쾌적 온도, 건강을 해치지 않는 범위의 건강 온도, 에너지 절약을 고려한 적정 온도다.

쾌적 온도 내에서는 두뇌 활동이 활발해지고 정서적으로 만족감을 느낀다. 여름철 쾌적 온도는 24~26℃다. 건강 온도는 냉난방으로 건강을 해치지 치 않는 온도 범위를 말한다. 실내외 온도 차가 5℃ 이내여야 한다. 우리나라는 에너지 사용의 96.2%를 수입에 의존한다. 석유 수입량은 세계 4위다. 이 사실과 쾌적 온도, 건강 온도를 종합해 적정 온도가 정해진다. 여름철 적정 온도는 26~28℃다.

세 가지 온도를 적용해서 우리 반 에어컨 약속을 정했다. 여름철 쾌적 온도 24℃에 건강 온도 5℃를 더했다. 바깥 온도가 29℃가 넘으면 에어컨을 틀기로 했다. 에어컨을 가동할 때는 적정 온도인 26℃에 맞추기로 했다.

시원하게 공부하고 싶다던 아이도 만족하고, 기후 위기를 걱정하던 아이도 만족했다. 둘 다 자기주장을 고집하지 않고 자신이 바라는 점에서 한발씩 양보했다. 서로에 대한 존중과 배려를 통해 선택지를 넓혔다. 에어컨 사용에 관한 대화 덕분에 우리 반은 한 차원 수준 높은 공동체가 됐다.

정치, 사람들의 이견과 충돌을 조정하는 과정

사람은 다양하다. 다양한 사람이 모인 사회는 복잡하다. 서로 이해관계가 부딪친다. 부딪치는 이해관계를 조정해서 어떻게든 사회가 굴러가게 하려면 서로 타협하는 수밖에 없다. 이 타협의 과정이 정치다. 정치란 사람들의 이견과 충돌을 조정하는 과정이다. 양보와 협의를 이끌어내고 이해당사자들이 그 결과를 받아들이게 만드는 힘이 바로 권력이다. 타협은 좁게는 개인과 개인 사이에서, 넓게는 나라와 나라 사이에서도 일어난다. 타협의 과정에서 서로가 인정하는 권위 있는 조정자, 즉 권력이 있다면 모두 정치다.[12]

우리는 누구도 정치에서 벗어날 수 없다. 부모·자식 간에도, 형제자매 간에도, 친구 간에도 갈등은 끊임없이 일어난다. 어린아이도 예외가 아니다. 예를 들어보자. 형제가 서로 자신이 먼저 장난감을 가지고 놀겠다고 싸운다. 형은 항상 동생에게 양보했으니 이번에는 자기가 장난감을 가져야 한다고 주장한다. 동생은 어젯밤에 형이 원하는 TV 프로그램을 봤으니 장난감은 내가 갖고 놀겠다고 주장한다.

이때 형과 동생 모두가 인정하는 권위 있는 조정자가 나타난다. 엄마다. 엄마의 일방적인 조정으로 갈등이 관철될 수도 있고, 형제간의 양보와 타협으로 갈등이 중재될 수도 있다. 가족의 일상생활은 갈등을 편파적이라고 느끼지 않도록 조정하는 과정을 반복한다. 가족 간의 상호작용도 정치과정이기 때문에 어린아이도 가정에서 정치를 배운다.

---

12) 권재원, 〈교육 그 자체〉, 우리교육, 458~460쪽

아이들은 가정에서 독재와 민주주의를 경험한다. 이 둘을 가르는 기준은 권위 있는 조정자 엄마의 말과 행동에 달렸다. 두 형제의 다툼을 해결하는 과정을 자세히 보자. "이번에는 동생이 원하는 대로 하고, 다음에는 형이 원하는 대로 해." 엄마가 일방적으로 결정한다. 엄마의 강제적인 판결을 통해 아이들은 독재를 경험한다. 표면적으로 갈등은 수습된 것처럼 보이지만 두 형제의 불만은 그대로 남아있다.

반면, 형과 동생의 이야기를 기꺼이 들어주는 엄마가 있다. 아이들이 서로의 주장을 경청하게 한다. 서로의 주장에 대해 어떻게 생각하는지 이야기하도록 돕는다. 서로의 생각 차이를 확인하고 모두가 만족할만한 결정을 헤아려보도록 이끈다. 대화를 통해 양보와 타협을 배우면서 아이들은 민주주의를 경험한다.

갈등을 해결하는 과정에서 아이들은 엄마의 영향을 받아 특정한 정치적 성향을 내면화한다. 엄마의 일방적 지시와 전달로 이루어진 발화를 계속 듣고 자란 아이는 독재에 적합한 정치 성향을 갖게 된다. 배려와 절충으로 갈등을 조정해나가는 배경 속에서 자란 아이는 민주주의 정치 성향을 지닌다.

정치란 구체적인 쟁점에 대한 자기 입장을 결정하면서 시작한다. 그리고 나와 다른 생각을 하는 타인과 상호작용하면서 생각의 조정 과정을 거친다. 즉, 민주시민 교육은 생각의 균형점을 찾아가는 과정에서 생기는 모든 배움을 말한다. 여기에는 다양한 이해관계를 헤아리는 것과 해결책을 생각할 수 있을 정도의 배경지식과 협상 능력이 포함된다. 물론 다른 사람에 대한 이해심, 공감, 관용 같은 덕성까지 포함된다. 따라서 선거를 통해 우리의 대표자를 뽑는 일은 민주주의에서 극히 일부분에 불과하다.

선거는 민주주의의 꽃이 아니다. 자신의 견해를 서로 교환하면서 다른 의견을 존중하고 지지하는 과정에서 민주주의의 꽃은 핀다. 자기 입장을 결정하고 타인과 상호작용을 통해 생각의 조정 과정을 거치는 일은 지루하고 어렵다. 하지만 이 지난한 절차를 거치면서 우리의 다양성이 넓어진다. 선택지를 넓히는 과정에서 자유와 평등이 자란다. 이런 총체적인 과정이야말로 민주주의의 꽃이다.

그럼 논어를 통해 어떻게 민주시민의 자세를 배울 수 있을까? 미국의 교육학자 마이클 애플(Michael W. Apple)은 "훌륭한 교사는 가장 보수적인 교과서를 가지고 가장 진보적인 교육을 할 수 있다."고 했다. 2500년이나 된 논어를 가지고 진보적인 교육을 할 수 있는 비법은 무엇일까? 논어를 배우는 방식을 바꾸는 일이다. 교육 방법과 말하는 방식을 바꿔야 한다.

전달과 전수를 통한 교육은 아이를 어른보다 더 낮은 위치에 두고 수동적으로 보게 한다. 일방적으로 전달만 한다면 배우는 내용이 아무리 진보적이더라도 아이는 기존의 권위와 위계에 복종하는 태도를 배운다. 프레이리(Paulo Freire)가 말한 은행저금식 교육이다. 이를 통해 길러지는 사람은 노예에 불과하다. 스스로 생각할 수 없기 때문이다.

하지만 어른과 아이 간의 대화와 토론으로 이루어지는 교육은 다루는 내용이 아무리 고리타분하더라도 진보적인 교육이다. 프레이리는 이를 대화식 교육, 문제제기식 교육이라고 했다. 교사와 이야기를 나누면서 아이는 기존에 주어진 것을 일방적으로 받아들이지 않고, 내

초등 논어 수업

용을 비판적으로 검토한다. 대화와 협력을 통해 답을 찾아가는 태도를 내면화한다.[13]

논어라는 텍스트를 그저 어른이 해석하고 전달만 한다면 노예를 기르는 것과 다름없다. 우리는 논어를 통해 아이들이 자기만의 생각을 할 수 있도록 도와야 한다. 논어 구절을 비판적으로 검토하고 새로운 생각을 하도록 이끌어야 한다.

교사의 말하는 방식이 중요하다. 교사는 아이의 생각을 동등한 위치에서 바라봐야 한다. 이런 자세를 취할 때 진정한 의사소통이 가능하다. 전달과 전수가 아니라 대화와 소통을 해야 한다. 행동을 지시하지 말고 생각을 주고받아야 한다. 어른이 "이것을 알아 두어야 해."라고 말하는 순간 이미 독재다. 반면 "이것에 대해서 어떻게 생각하니?"라고 말하는 순간 바로 민주주의다.

민주시민으로 자라기 위해서는 아이 스스로 세상을 바라보고 자기 생각을 명확히 가져야 한다. 타인을 만나 다른 생각을 이해하고 존중하는 상호작용을 거쳐야 한다. 아이는 생각의 균형점을 찾아가는 과정을 거치며 민주시민으로 자란다. 생각의 균형점을 찾는 과정에서 배워야 하는 모든 덕목을 논어를 읽으면서 배울 수 있다. 논어라는 가장 보수적인 텍스트를 손에 들고 가장 진보적인 교육을 하는 일을 여러분도 함께 해봤으면 좋겠다.

---

13) 권재원, 〈교육 그 자체〉, 우리교육, 474~476쪽

6 창조성

거인의 어깨에 오르고 내려오다

자본주의에서는 시장에서 선택받기 위해 경쟁을 한다. 이미 제1세계에 속하는 나라들 사이에서는 기술격차가 사라졌다. 21세기는 "누가 더 잘 만드나?"에서 "누가 더 새로운 것을 만드나?"로 경쟁의 패러다임이 바뀌었다. 전에 없던 혁신 상품을 개발하거나 새로운 의미와 가치를 부여할 수 있는 기업이 시장의 선택을 받는다.

창조적인 사람을 많이 확보한 기업이 시장에서 살아남는다. 창조적인 기업을 많이 보유한 나라가 기회를 잡는다. 맡은 역할만 반복하는 사람이 아니라 새로운 발상을 할 수 있는 창조적인 사람이 필요하다. 그럼 창조적인 사람은 어떻게 만들어지는 걸까?

우리는 질문과 대답이라는 말에 익숙하다. 누군가 질문하면 대답한다. 하지만 질문과 대답은 대립적인 한 쌍이 아니라 다른 차원의 행동이다. 질문은 궁금증과 호기심이라는 내면의 준비가 되어 있는 사람만이 할 수 있다. 대답은 이런 내면의 준비가 없어도 가능하다. 대답은 기능이고, 질문은 인격이다. 대답은 과거에 머물게 하고 질문은 미래를 향한다.[14]

창조는 질문을 던지면서 탄생한다. 창조적인 사람은 대답에 익숙한 사람이 아니라 질문에 익숙한 사람이다. 대답은 수동적이고 과거에 머물게 하지만 질문은 능동적이고 미래를 지향한다. 질문은 배우는 지식에 대해 끊임없는 궁금증과 호기심으로 내면이 채워져야 나올 수 있다.

창조성은 '능력'이 아니라 '태도와 자세'에서 비롯한다. 앞서 학습 방법을 이야기하면서 적극적인 공부와 수동적인 공부에 대해 말했다. 배우고 익힌 것을 불변의 진리로 받아들이면 수동적인 공부가 된다. 왜 이것을 배우고 익히는지, 잘못된 사실은 없는지, 내 생각은 어떤지 스스로 질문하고 의문을 제기하면 적극적인 공부다. 창조의 핵심은 배우고 익힌 내용을 잠정적인 것으로 여기는 태도에 있다. 창조는 기존의 생각에 의문을 품고 새로운 발상을 하려는 자세에서 비롯된다.

여러 사람이 모여 집단지성을 발휘하는 일도 창조의 한 가지 방법이다. 평범한 사람들도 함께 모여 상호작용하면 전에 없던 새로운 발상을 할 수 있다. 창조적 성취를 이루는 집단지성은 단지 여러 사람이 모인다고 생기지 않는다. 다양한 사람이 모여서 제약 없는 상호작용을 해야 한다. 서로의 다양성을 인정하고 상호작용에서 나오는 예상치 못한 결과에 대해 수용할 수 있어야 한다.

아이와 논어를 읽을 때도 창조의 핵심과 집단지성의 조건을 고려

---

14) 최진석, 〈탁월한 사유의 시선〉, 21세기북스, 126쪽

해야 한다. 의문을 품고 적극적으로 공부하면서 다른 사람과 이야기를 나누면 전에 없던 새로운 생각을 끌어낼 수 있다. 교사는 아이들과 상호작용을 하면서 질문을 던져 호기심과 상상력을 자극해야 한다. 아이의 어떤 반응이든 인정해주면서 새로운 생각을 떠올릴 수 있는 환경을 제공해야 한다. 그러면 어느새 적극적인 자세로 세계와 자신을 연결하고 있는 아이의 모습을 볼 수 있다.

논어 4-18

공자가 말했다.
"부모를 섬기는 일에는 부모의 잘못된 점을 섬세하게 간언해야 한다. 부모가 나의 간언을 따르지 않을 뜻을 보면 더욱 공경하여 부모의 뜻을 어기지 않으며, 수고로워도 원망하지 않아야 한다."

子曰 事父母幾諫, 見志不從, 又敬不違, 勞而不怨.
자왈 사부모기간, 견지부종, 우경불위, 노이불원.

부모와 뜻이 다를 때 어떻게 행동해야 하는지 공자의 생각을 엿볼수 있다. 부모에게 잘못이 있어 귀에 거슬릴 수 있는 말씀을 드려야할 때는 직간(直諫)을 하지 말고 기간(幾諫)해야 한다. 부드러운 안색과 목소리로 조심해서 말해야 한다. 주희는 기간(幾諫)이란 "기(氣)를 낮추고 낯빛을 은은하게 하고 목소리도 부드럽게 하여 간하는 것"이라고 했다.

기간(幾諫)을 한 후에 부모가 내가 말한 바를 따르려 하지 않는 것(不

從)을 보더라도(見) 실망하지 말고 오히려 더 공경(敬)하고 효성을 다해야 한다(不違). 그렇게 하는 것이 힘들고 수고롭더라도(勞) 부모를 원망해서는 안 된다(不怨). 부모가 잘못하고 또 간하는 바를 받아들이지 않더라도 부모 탓을 해서는 안 되고, 자신을 반성하여 더욱더 효도해야 한다는 말이다.

교사 부모님과 뜻이 달랐던 적이 있을 거예요. 어떤 일이 있는지 말해줄 사람 있나요?

세빈 제가 휴대전화를 3학년 때부터 사달라고 했는데 부모님께서 6학년이 되면 사주신다고 했어요.

교사 이렇게 부모님과 뜻이 다를 때 섬세하게 간언해야 한다고 합니다. 이 말은 무슨 뜻인가요?

이준 제가 바라는 것을 공격적으로 이야기하지 않고 정중하게 부탁드리는 거예요.

세빈 부모님께 잘못된 점을 말했는데, 따르지 않으시면 어떻게 해야 하죠?

교사 부모님도 사람이라 잘못을 할 수도 있죠. 어떤 경우인지 자세히 말해줄래요?

세빈 동생이 장난감을 부러뜨렸어요. 제 잘못이 아니라 동생이 잘못한 일인데 잘 알아보지 않으시고 저를 혼내셨어요.

교사 공자는 이럴 때도 부모의 뜻을 어기지 않고 원망하지 않아야 한다고 해요. 여러분은 어떻게 생각하나요?

지선 공자의 생각이 잘못된 것 같아요. 잘못된 부분이 있으면 말씀드리고 부모님을 설득해야 해요.

교사 오늘은 논어 구절을 여러분이 새롭게 바꿔서 적어보세요.

지선 부모를 섬기는 일에는 부모의 잘못된 점을 섬세하게 간언해야
한다. 부모가 나의 간언을 따르지 않으면 말로 설득해야 한다.

세빈 부모는 자식이 섬세하게 간언했을 때는 한 번 더 생각해볼 필
요가 있다. 그래도 자식의 간언을 듣지 않아 자식이 원망하면
둘이서 진지하게 얘기를 해야 한다.

논어를 읽다 보면 공자의 생각이 불변의 진리라고 여겨지고 권위적
으로 다가온다. 하지만 논어라는 텍스트도 시대와 상황에 맞게 변용할
수 있다. 아이들이 논어와 공자라는 정해진 선을 넘어 자기 생각을 적
었다. 이 과감성과 자신감은 창조성의 또 다른 원천이다. 정해진 문턱
을 넘는 만큼 자유로울 수 있고 자유로운 사람만이 다른 사람을 이끌
수 있다. 우리 아이들이 정해진 선과 문턱을 넘어 새로운 가치를 생산
하는 사람으로 크길 바란다.

창조성: 민주주의 + 배움 + 호기심 + 도덕[15]

창조적 발상은 어느 사회에서나 나타날 수 있지만, 그 발상을 실제
로 실현하는 일은 민주사회에서만 가능하다. 지위가 높은 사람의 생각

---

15) 권재원, 〈교육 그 자체〉, 우리학교, 302~312쪽

이 더 높은 평가를 받는 곳에서는 모든 의견이 평등하지 않다. 새로운 발상보다는 기존의 생각이 더 큰 권위를 가질 수밖에 없다. 모든 사람의 발상이 동등한 자격으로 인정되는 사회에서는 기존 생각과 새로운 발상이 오직 유용성만으로 평가받기 때문에 새로운 아이디어가 채택될 가능성이 높다. 창조성을 실현하기 위해서는 사람 관계가 대등하고 민주적이어야 한다.

일본 미라이 공업을 아는가? 건축용 전기 제품을 만드는 미라이 공업은 잔업과 휴일 근무가 없다. 모든 직원이 정규직이고 70세까지 종신 고용으로 정리 해고가 없다. 연간 140일 휴가와 3년간 육아 휴직을 보장한다. 5년마다 전 직원에게 해외여행 기회를 준다. 1965년 창립 이후 적자를 기록한 적이 없다. 경상 이익률은 평균 15% 수준으로 동종 업계 평균 3%보다 훨씬 높다. 조금 일하고 많이 쉬면서도 정년은 다른 기업보다 늦다. 그런데도 성공적인 경영을 하는 비결은 무엇일까?

이 회사에는 직원 아이디어 제도가 있다. 연간 2만여 건의 직원 아이디어가 제품 개발과 경영 개선에 반영된다. 복사 용지 절약과 같은 간단한 제안에서부터 매출과 직결된 혁신 아이디어까지 다양한 제안이 모인다. 회사는 사원이 안건을 제출만 해도 격려금을 준다.

직원들은 자기 아이디어가 제품 혁신에 반영되기 때문에 활발하게 참여한다. 1년에 새로운 아이디어 232건을 제출한 직원도 있고, 새해 목표를 제안 50건으로 정하는 직원도 있다. 직원들이 낸 아이디어 덕분에 한 해에 신제품이 200개 넘게 출시된다. 전체 제품 중 특허 제품이 90%가 넘는다. 주인 의식으로 똘똘 뭉친 사원들은 아이디어를 적극적으로 내고 이 아이디어가 회사에 이윤을 가져다준다.[16]

미라이 공업에서는 모든 직원이 동등한 대우를 받는다. 자기 의견이 받아들여지고 실현되는 과정을 눈으로 확인한다. 이러한 조건 덕분에 창조적인 아이디어가 샘솟는다. 창조는 민주주의가 아니면 일어나지 않는다. 새로운 발상을 하도록 돕는 기법과 과정은 따로 있지 않다. 새로운 발상이 실현되는 일이 가능한 현실 조건이 있을 뿐이다. 그 조건이 민주주의다. 창조성은 민주주의라는 토대에서 시작된다.

구글 학술검색에는 아이작 뉴턴(Isaac Newton)의 격언이 쓰여있다. 당시 사람들은 위대한 업적을 이룬 뉴턴에게 어떻게 그 많은 것을 해낼 수 있었는지 물었다. "거인의 어깨에 올라서서 더 넓은 세상을 바라보라." 뉴턴이 말한 거인은 갈릴레이, 케플러, 데카르트다. 자신의 업적은 혼자서 이루어낸 것이 아니라 위대한 거인들이 이루어놓은 연구가 있었기에 가능했다는 말이다.

뉴턴은 이들의 연구를 토대로 해석기하학, 행성운동의 세 가지 법칙, 뉴턴의 운동법칙 등 놀라운 성과를 발표했다. 세상의 모든 것 중에 온전히 새로운 생각은 하나도 없다. 모든 창조는 누적된 인류의 문화유산을 토대로 그 위에 다른 생각이 얹어져 만들어진다.

창조하기 위해 우리가 해야 할 일은 거인 위로 올라가는 일이다. 거인의 허리까지 올라간 사람보다 어깨까지 올라간 사람이 더 넓은 세상을 볼 수 있다. 거인을 오르는 일은 인류의 고전과 전통을 배우는 것이다. 고전과 전통을 공유한 사람들 사이에서는 창조성을 입증하기 위해

16) 야마다 아키오, 〈야마다 사장, 샐러리맨의 천국을 만들다〉, 21세기북스

초등 논어 수업

많은 노력이 필요하지 않다. 공유된 사실은 뒤로하고 한 걸음 나아간 새로운 생각만 설명하면 되기 때문이다.

공통된 지식의 범위와 양이 늘어날수록 창조적인 사람의 수고는 적어진다. 따라서 고전과 전통을 배우고 익히는 교육은 기존 지식을 전수하는 역할만 하지 않는다. 오히려 창조의 토양을 다지는 일이다.

초등학교 6학년은 과학 시간에 지구와 달의 운동을 배운다. 지구는 하루에 한 바퀴씩 자전하고, 태양을 중심으로 일 년에 한 바퀴씩 공전한다는 사실을 배운다. 지구의 공전 때문에 계절에 따라 볼 수 있는 별자리가 다르다는 것도 알게 된다. 또한 여러 날 동안 달의 모양을 관찰하면서 달이 지구 주위를 공전하고 있다는 사실을 배운다. 전등으로 태양을 설정하고 스티로폼으로 지구와 달 모형을 만들어 위치와 관계를 파악한다. 우주 밖에서 태양과 달, 지구를 관찰한다.

반면, 옛날 사람들은 우리가 사는 지구를 중심으로 태양과 달을 보았다. 지구는 가만히 있고 태양과 달이 움직인다고 생각했다. 지구 안에서 태양과 달을 관찰한 사람과 우주 밖에서 이를 조망하는 사람 사이에는 차이가 생긴다. 지구와 달의 운동을 배운 6학년은 이전과 다르게 더 넓은 범위에서 우주를 바라볼 수 있다. 새로운 시각으로 세상을 바라보고 참신한 상상력을 발휘할 수 있다.

거인의 어깨 위로 올라가는 일은 만만치 않다. 고전과 전통은 저절로 머릿속에 들어오지 않는다. 시간과 힘을 들여 배우고 익혀야 한다. 인류가 쌓아온 자산은 너무 방대해 올라가기 전부터 그 양과 높이에 압도된다. 이 두려움을 떨치고 과감하게 배움의 길로 나서려면 용기보다 강한 동기가 필요하다. 호기심이다.

교사가 해야 할 일은 거인의 어깨로 올라가는 길을 보여주는 것뿐만 아니라, 걱정과 두려움을 능가하는 호기심도 끌어내야 한다. 아이들이 한 계단씩 거인 위로 올라타도록 이끌고 격려해야 한다. 거인 위로 올라갈수록 더 넓은 세상을 보고 새로운 생각을 할 수 있다.

아이들을 거인에 오르도록 하려면 억지로 끌고 가는 것보다는 호기심을 불러일으켜 스스로 오르게 하는 것이 좋다. 논어는 배움의 길이 즐겁다는 사실을 호학(好學)이라고 했다. 공자는 학습과 배움을 좋아하는 일이 군자가 되는 첫걸음이라고 생각했다. 우리는 새로운 것을 배우고 익힘으로써 경험 세계가 확장되는 즐거움을 느낄 수 있다.

창조는 거인의 어깨 위에서 이루어지지 않는다. 거인의 어깨 위로 올라간 우리는 반드시 내려와야 한다. 왜 그래야 할까? 다시 내려올 것이라면 무엇 때문에 힘들게 거인의 어깨에 올라야 할까? 스웨덴 청소년 환경 운동가 그레타 툰베리(Greta Thunberg)의 이야기를 통해 창조는 어떻게 일어나는지 살펴보자.

그레타 툰베리는 8살 때 지구온난화로 빙하가 녹아 굶주리게 된 북극곰 영상을 봤다. 말하고 먹는 것도 거부할 정도로 큰 충격을 받았다. 11살이 되자 기후 위기에 대한 문제의식을 부모나 친구들과 공유하고 싶었다. 하지만 친구들에게는 따돌림을 당했다. 어른들은 기후 변화에 대해 공감하면서도 아무런 행동도 하지 않았다. 세상이 미워진 그레타는 우울증에 걸렸다. 병원으로부터 아스퍼거 증후군과 선택적함구증이라는 진단을 받았다.

기후 변화를 이해하기 위해 그레타는 도서관에서 혼자 기후 과학을 공부하기 시작했다. 닥치는 대로 책을 읽던 그레타는 자기 가문의 화학자 스반테 아레니우스를 알게 됐다. 스반테 아레니우스는 이산화탄소 배출량과 지구 온도의 연관성을 처음으로 증명한 사람이다. 물리학과 화학을 넘나드는 그의 연구는 지구온난화의 이론적 배경이 되었다. 선택적함구증이었던 그레타는 지구의 미래를 논할 때는 청산유수가 됐다. 환경 문제를 이야기할 때면 반짝이는 눈빛으로 논리 정연하게 주장을 펼쳤다.

2018년 8월 20일 아침, 15살 그레타는 학교에 가지 않았다. 대신 피켓 하나를 팔에 끼고 스웨덴 국회의사당 앞 인도에 앉았다. 피켓에는 '기후를 위한 등교 거부'라고 적혀 있었다. 그레타는 20일 동안 하루도 빠짐없이 국회의사당 앞으로 등교했다. 시민들은 그녀에게 관심을 가지기 시작했다. 언론에서도 그레타의 행동에 관심을 두기 시작했고, 그레타의 이야기는 트위터와 페이스북을 통해 전 세계에 알려졌다. 불과 2주 만에 '기후를 위한 등교 거부'는 세계적인 관심사로 떠올랐다.[17]

그레타 툰베리는 기후 과학이라는 거인의 어깨에 올랐다. 그레타에게 지상에서 살아가야 하는 삶은 여러 가지 면에서 힘들었다. 거인의 어깨 위에서는 기후 위기로 일어날 미래의 일들이 보였다. 무섭고 걱정스러웠다.

거인의 어깨 위에서는 미지의 세계를 바라보기만 하면 되지만 지상에서는 그 세계를 직접 마주쳐야 한다. 지상에 내려와 살아가야 하는 한 언젠가 그 미지의 세계와 직면해야 한다. 차라리 올라가지 않았다면 내려올 일도 없었다. 하지만 우리는 안다. 거인의 어깨에 올랐다가

---

17) 발렌티나 잔넬라, 〈우리는 모두 그레타〉, 생각의 힘, 20~23쪽

지상으로 내려온 그레타와 거인의 어깨에 오를 생각조차 못 하고 지상에 머무르고 있던 대중은 질적으로 다를 수밖에 없다.

거인의 어깨에 오르는 충동은 배움에 대한 호기심에서 나왔다. 거인의 어깨에 올랐다가 지상으로 내려오는 힘은 무엇일까? 도덕이다. 도덕적인 행동은 사람이 본능적으로 지닌 타인에 관한 관심과 염려, 동정과 공감에서 비롯된다. 호기심과 도덕. 이 두 가지 덕목이 바로 창조의 원천이자 창조성을 기르는 첫 실마리다.

논어에서 공자는 인(仁)과 의(義)를 말한다. 인(仁)은 나보다 다른 사람을 사랑하는 것으로 "아, 어쩌지?" 하는 마음이다. 의(義)는 의롭지 못한 일을 보고 부끄러워하고 분노하는 것으로 "아니, 이런 나쁜!"의 마음이다. 이 두 감정이 들고부터 우리는 새로운 아이디어를 만들어 당면한 문제를 극복하고자 한다.

2019년 9월 그레타 툰베리는 유엔 기후 행동 정상회의에 참석하기 위해 태양에너지로 움직이는 요트를 탄다. 15일 동안 대서양 4,800km를 건넜다. 이곳에서 "HOW DARE YOU"로 시작하는 연설을 한다. 연설 초반부 다섯 문장에서 우리는 그레타 툰베리의 인(仁)한 마음과 의로운(義) 마음을 발견할 수 있다.

"어떻게 감히 그럴 수 있나요? 당신은 공허한 말로 나의 꿈과 어린 시절을 훔쳐 갔어요. 하지만 그래도 나는 운이 좋은 사람 중 하나입니다. 사람들이 고통받고 있습니다. 사람들이 죽어가고 있습니다."

거인의 어깨에 올라갔으면 다시 내려와야 한다. 우리의 아이들은 저 위에서만 머무르고 지상의 문제를 외면하는 냉담한 엘리트가 되어서는 안 된다. 거인 위로 올라가 더 넓고 멀리 보았다면, 미처 보지 못하고 알지 못한 사람들에 대한 측은한 마음을 가져야 한다. 거인의 어깨에 올라가서 볼 수 있게 된 위험이나 부조리에 대한 분한 마음이 있어야 한다. 이 마음이 있기에 다시 땅으로 내려와 사람들을 도울 수 있다. 부조리를 제거하기 위해 지금까지와는 다른 무엇인가를 만들 수 있다. 이런 사람이야말로 바로 창조적인 인재다.

정리해보자. 창조성은 능력이 아니라 태도와 자세에서 비롯된다. 기존의 것에 의문을 품고 새로운 발상을 하려는 태도와 자세가 창조성을 키운다. 새로운 발상이 실현되는 일이 가능해지려면 민주주의 사회여야 한다. 개인들이 모여 서로의 다양성을 인정하고, 제약 없는 상호작용을 하면서 예상치 못한 결과를 수용해야 한다.

개인은 지루할 수 있는 인류의 지적 유산을 배우고 익혀야 한다. 호기심을 통해 거인의 어깨에 올라야 하고 도덕성을 바탕으로 사람들을 돕고 부조리를 제거하기 위해 내려와야 한다. 이 과정에서 기존과 다른 새로운 무언가가 탄생한다. 창조성을 기르는 교육은 결국 민주시민 교육, 기본 교육, 호기심을 북돋는 교육, 도덕 교육이다. 이 네 가지 모두 논어를 읽으면 가능하다.

논어 교사는
어떤 역할일까?

논어가 좋다는 사실은 알고 있더라도, 논어를 가르쳐야 한다고 생각하면 막막하다. 교사가 먼저 논어의 내용을 모두 알고 있어야 할 것만 같다. 그렇지 않다. 논어를 다 읽을 필요도 없고, 모든 내용을 알지 못해도 괜찮다. 하루에 20분씩 아이들과 함께 읽어나가면 그만이다. 논어를 읽고 아이들에게 어떤 말을 해주어야 할지 걱정하기 전에 할 일이 있다. 논어를 읽는 교사의 네 가지 역할을 알아보는 일이다.

1. 무지한 스승
2. 일상으로의 안내자
3. 함께 배우는 사람
4. 모범이 되는 어른

이 역할을 마음속에 간직한다면 아이들과 논어 수업을 더 잘할 수 있다.

1

무지한 스승

누구나 스스로 배울 수 있다

첫 번째 역할은 '무지한 스승'이다. 철학자 랑시에르(Jacques Rancière)는 자신도 모르는 것을 가르치는 스승을 '무지한 스승'이라고 불렀다. 그의 저서 〈무지한 스승〉의 핵심은 이 문장에 있다. "우리는 우리가 모르는 것을 가르칠 수 있다."

랑시에르는 무지한 스승의 구체적인 인물로 19세기 교육자 조제프 자코토(Joseph Jacotot)를 소개한다. 자코토는 19세에 법학 박사학위를 받았고, 25세에 에콜 폴리테크니크 학교에서 교장 대리를 지냈다. 1815년 부르봉 왕정이 복귀하자 그는 네덜란드가 지배하던 벨기에로 망명해 루뱅 대학에서 강사 자리를 얻는다.

자코토는 이곳에서 기이한 경험을 했다. 불문학 강사였던 그는 네덜란드어를 몰랐고, 학생들은 프랑스어를 몰랐다. 그는 〈텔레마코스의 모험〉이라는 책의 프랑스어-네덜란드어 번역본을 교재로 선택했다.

학생들에게 네덜란드어로 번역된 문장을 읽고 프랑스어 텍스트를 익히라고 했다. 스승과 학생 사이에 서로 통할 수 있는 공통의 언어가 없는 상태에서 학생들은 프랑스어를 기초부터 학습했다. 이 말도 안 되는 상황에서 기적이 일어났다. 학생들은 단어를 조합해 프랑스어 문장을 만들기 시작했다. 철자법과 문법도 스스로 익히고, 작가 수준의 고급 문장을 구사했다.[18]

이 실험을 기반으로 랑시에르는 '무지한 스승'이라는 개념을 만들었다. 무지한 스승은 학생에게 가르칠 내용을 알지 못하는 스승이다. 어떤 앎도 전달하지 않으면서 다른 앎의 원인이 되는 스승이다. 무지한 스승은 충분한 지식과 그것을 전달하는 교수 방법을 알지 못하지만, 학생이 학습할 수 있도록 돕는 사람이다.

자코토가 학생들에게 가르친 내용은 누구나 스스로 배울 수 있다는 사실이다. 그는 학생들에게 배우는 일이 가치 있다고 전했다. 무지한 스승의 역할은 기존 지식을 전수하는 일이 아니라, 학생들이 자신의 잠재 능력을 사용할 수 있도록 의지를 불러일으키는 일이다.

논어를 가르치는 교사도 무지한 스승이어야 한다. 배운 적이 없어서 논어를 가르칠 수 없다고 단정해서는 곤란하다. 내용을 모르더라도 가르칠 수 있다고 생각해야 한다. 아이들은 스스로 배울 수 있는 역량이 있다. 무언가를 배우는 일이 가치 있다는 사실을 전할 수만 있다면 논어를 모르더라도 가르칠 수 있다.

---

18) 자크 랑시에르, 〈무지한 스승〉, 궁리, 9~29쪽

임방이 예의 근본을 묻자 공자가 말했다.
"훌륭한 질문이다! 예에는 예식이 사치스러운 것보다 차라리 검소
한 편이 낫고, 상례는 평정심을 지키며 척척 해내는 것보다 차라리
깊이 슬퍼하는 편이 낫다."

林放問禮之本, 子曰 大哉問! 禮與其奢也, 寧儉. 喪與其易也, 寧戚.
임방문예지본, 자왈 대재문! 예여기사야, 영검. 상여기이야, 영척.

아이들에게 오늘의 구절이 어떤 말인지 물었다. 어려운 말이 많아
서 아무도 말을 꺼내지 못한다. 이럴 땐 하나씩 차근차근 질문한다. 아
이들이 이미 알고 있는 것들을 표현할 수 있도록 도와야 한다.

교사 근본이 무엇인가요?
명진 밑바탕이 되고 뿌리가 되는 거요.
교사 예식에서 사치스러운 것보다 검소한 것이 왜 예의 근본일까
　　　요?
세빈 사치를 부리게 되면 예를 지키지 않고 거만해보이기 때문이
　　　에요.
태균 검소하게 되면 차분해보여서 예를 지키는 것 같아요.
교사 결혼식에서 주인공은 누구인가요?
수아 당연히 신랑, 신부가 주인공이죠.

교사 결혼식에서 사치스럽고 보여주기에 급급하면 주인공은 누가
     될까요?

지선 아~ 예식이 너무 사치스러우면 결혼식장이 두드러져요. 신랑,
     신부가 주인공이 되려면 검소한 편이 나아요.

교사 장례식에서는 일을 척척 해내는 것보다 깊이 슬퍼하는 것이
     왜 예의 근본일까요?

동준 장례식에서는 슬피 우는 것이 돌아가신 분을 위한 행동이기
     때문이에요.

교사 예의 근본이란 무엇일까요?

세빈 때와 상황에 따라 최선을 다하는 것이 예의 근본인 것 같아요.

교사 저도 선생님 역할에 최선을 다할게요. 재밌게 수업을 준비하
     고, 여러분에게 모범이 되도록 행동할게요. 여러분도 교실 속
     에서 해야 하는 일에 최선을 다했으면 좋겠어요.

지선 (혼잣말) 오늘 배우고 나서 생각이 많아졌어.

　논어를 가르치면서 우리가 해야 할 일은 하나다. 논어라는 고전을
아이들 스스로 충분히 읽어낼 수 있다는 사실을 깨닫게 하는 일이다.
논어를 읽고 이를 해석하는 아이의 모습을 유심히 들여다보되 무심하
게 관심과 도움을 주어야 한다. 아이가 괜찮은 해석을 못한다고 구체
적인 대안이나 방법을 가르쳐주지 않는다. 묵묵히 지켜보고 기다리면
서 "이것에 대해 어떻게 생각해?"라고 질문한다. 텍스트를 더 깊이 생
각할 수 있도록 도울 뿐이다. 그리고 아이들이 논어를 훌륭하게 해석
하는 것에 감탄하고 배움의 기쁨을 함께 즐기면 된다.

일상으로의 안내자
생각의 기폭제를 제공한다

어느 날 수아와 '밥 친구'를 하며 이야기를 나누었다.

수아 선생님은 논어 다 읽었어요?
교사 아니. 너희랑 같이 읽고 있어.
수아 근데 어떻게 이야기를 그렇게 많이 해주세요?

논어를 배울 때 교사의 첫 번째 역할은 무지한 스승이다. 아이들 내면의 힘을 믿고 스스로 논어를 해석할 수 있도록 곁에서 돕는다. 하지만 아무리 아이들의 잠재된 힘을 믿더라도 마냥 기다릴 수는 없다. 교사는 아이들에게 영향을 줄 수 있는 자극을 주어야 한다. 사고의 기폭제가 될 만한 무엇인가를 제공해야 한다. 아이들이 논어를 통해 다양한 해석을 하고 생각을 확장하기 위해서는 일상 속 사례가 필요하다.

논어를 읽을 때 교사의 두 번째 역할은 '일상으로의 안내자'이다. 논어 구절을 읽고 떠오르는 생각을 책 모퉁이에 빠르게 적는다. 일상에 있었던 이야기를 들려주면서 함께 논어를 배워나간다.

논어 2-16

공자가 말했다.
"나와 다른 생각을 한다고 공격한다면 손해가 되어 돌아온다."

子曰 攻乎異端, 斯害也已.
자왈 공호이단, 사해야이.

교사 오늘의 말씀은 무슨 이야기인가요?

지선 감정에만 충실하지 말라는 이야기 같아요.

교사 구체적으로 무슨 말인지 말해줄래요?

지선 나와 다른 의견을 마주했을 때 감정적으로만 접근하면 상대방을 공격하잖아요. 감정으로 다가가면 싸움이 일어나니 조심해야 해요.

교사 오늘의 구절을 듣고 생각난 게 있어요. 제 이야기를 들려줄게요.

아이들에게 개인적인 이야기를 해주었다. 3년 전, 아이를 재우고 아내와 거실 창밖을 봤다. 대관령 너머에 큰 전신주들이 반짝였다. 전기가 흘러가는 모습이었다. 연애 시절 경포 호수에서 당신과 이 장면을 봤다고 말했다. 아내는 기억이 나지 않는다고 했다. 어떤 여자와 갔던 거냐고 되물었다. 맞다, 아니다 따지다가 서로 감정이 상했다.

결국 새벽 1시에 차를 끌고 경포 호수에 갔다. 가보니 내 기억이 맞다. 경포호수에서도 대관령 너머에 전기가 흐르는 모습이 보였다. 동영상으로 촬영했다. 하지만 안개도 끼고 전신주가 멀리 떨어져 있어서 영상에 전기가 흐르는 모습이 잘 보이지 않았다. 집에 돌아와서도 판결은 나지 못했다. 이미 서로의 감정은 상할 대로 상한 후였다.

아이들에게 다른 이야기도 들려주었다. 2021년에 코로나19 백신을 접종하는 문제로 아내와 의견 대립이 있었다. 나는 젊은 사람들에게는 코로나19가 감기의 일종이라고 생각했다. 백신이 철저히 검증되지 않았으니 맞지 않겠다고 했다. 백신 부작용으로 죽는 사람이 있다는 이야기도 덧붙였다. 아내는 우리가 학교에서 근무하고, 아이도 어리니 백신을 맞아야 한다고 주장했다. 한 시간 정도 대립을 하다가 내가 의견을 접었다. 경포 호수의 그 일이 생각나고 논어 말씀이 떠올랐기 때문이다.

"나와 다른 생각을 한다고 공격한다면, 손해가 되어 돌아온다."

두 번째 화살을 맞지 않아야 한다. 주장을 접고 백신을 맞았다. 나중에 아내가 재밌는 이야기를 해주었다. 아내가 같은 학년 선생님들께 백신과 관련된 우리의 소동을 이야기했다. 옆 반 선생님께서 말씀하셨단다.

"남편이 로맨티시스트네. 자기 목숨을 걸고 아내 이야기대로 해주니 말이야."

내 주장을 내려놓았더니 로맨티시스트 남편이 됐다.

아이들이 이야기를 듣더니 "1시간 동안 싸우는 로맨티시스트가 어디 있어요!"라고 따진다. 내 일상을 이야기하니 아이들이 평소보다 열심히 듣는다. 이야기를 모두 마치고 아이들이 깨달은 점과 적용할 점을 적었다.

은혜 나와 다른 생각을 한다고 공격하면 안 된다. 나도 하면 안 되겠다.

재은 선생님이 아내 말을 안 듣는다. 나보다 더 안 듣는다. 내 생각만 하지 말아야겠다.

대연 쌤, 대관령까지 가지 그랬어요.

공자가 말했다.
이단을 공부하는 것은 해가
될뿐이다.

나와 다른 생각을 한다고 공격한다면
손해가 되어 돌아온다.

ᄂ ㅣ 때쓰면 로맨틱스가 된다 (3)
선생님이 아내본 말을 안듣는다
나보다 더 안듣는다 (선생님)
내생각만 하지 말아야 겠다

공자가 말했다.
"군자는 쓰임이 정해진 그릇이 아니다."

子曰 君子不器.
자왈 군자불기.

교사 오늘의 논어 말씀은 무엇을 말하는 걸까요?

태균 군자는 국그릇, 밥그릇 말고 여러 그릇에 쓰이는 사람이에요.
     쓰임이 정해진 사람이 아니라 무엇이든 할 수 있는 사람인 것
     같아요.

이준 그릇이 큰 사람과 작은 사람이 떠올라요. 군자는 그릇이 큰 사
     람 같아요.

교사 그릇이 큰 사람은 어떤 사람일까요?

동준 생각하는 게 큰 사람이요.

수아 그릇이 큰 사람은 꿈이 큰 사람인 것 같아요.

교사 여러분 생각이 다 맞아요. 저는 그릇이 큰 사람은 마음이 넓은
     사람이라고 생각해요.

얼마 전 읽었던 법륜 스님의 〈스님의 주례사〉에서 나온 이야기를
들려주었다. 어느 날 부처님이 부잣집에 탁발하였는데 문전박대를 당
했다. 부자는 부처님에게 사지 멀쩡한데 빌어먹는다고 욕을 했다. 그

말을 듣고 부처님은 웃기만 했다. 욕을 했는데 부처님이 웃기만 하니 부자는 더 화가 났다.

부처님이 부자에게 물었다. "손님이 찾아와서 선물을 준 적이 있습니까?" 부자는 그런 적이 있다고 답했다. 부처님이 물었다. "선물을 주는데 내가 받지 않으면 그 선물은 누구의 것입니까?" 부자는 원래 주인 거라고 답했다. 부처님이 말했다. "욕을 받지 않으면 그 욕은 누구의 것입니까?"[19]

위정편 12장의 말씀은 쓰임이 정해지지 않은 그릇에 관한 이야기다. 아이들과 이야기를 나누다 보니 큰 그릇에 관해 이야기했다. 그래도 괜찮다. 논어를 읽을 때는 공자의 생각을 수용하는 것이 아니라 우리 생각으로 풀어내는 일이 더 중요하다.

아이들과 함께 논어를 읽을 때 교사는 자신의 일상 이야기를 해주어야 한다. 자기가 겪었던 이야기, 들었던 이야기, 책에서 봤던 이야기, TV에서 봤던 이야기, 영화에서 봤던 이야기, 유튜브에서 봤던 이야기, 어느 것이든 좋다. 아이들은 그 이야기를 통해 논어를 풍성하게 이해하고 배운 내용을 일상에서 실천할 수 있다. 내 이야기를 듣더니 명진이가 말했다.

"오버워치 할 때 상대방이 욕을 하더라도 제가 받지 않으면 되겠네요? 제가 안 받으면 욕은 그 사람 거잖아요."

---

19) 법륜, 〈스님의 주례사〉, 휴, 184~185쪽

3

함께 배우는 사람
예상치 못한 기쁨을 누린다

중국의 〈예기〉 학기편에서 유래한 교학상장(敎學相長)이란 말이 있다. 가르치고 배우면서 함께 성장한다는 뜻이다. 스승은 제자를 가르치기만 하고 제자는 스승으로부터 배우기만 하는 존재가 아니다. 스승은 제자를 가르치면서 발전하고, 제자는 배우면서 성장한다. 교사는 학생에게 가르치면서 미처 생각하지 못한 것을 발견할 수 있다. 가르치면서 새로운 깨달음을 얻는다. 교학상장의 관계를 아름답게 보여주는 이들이 있다. 이황과 기대승이다.

기대승은 31세에 과거에 급제하고 이황을 스승으로 모시기 시작했다. 당시 이황의 나이는 57세로 둘 사이는 스물여섯 살 차이가 났다. 직급의 격차도 어마어마했다. 기대승은 종9품으로 오늘날로 치면 9급 공무원이다. 이황은 성균관 대사성을 마치고 공조참판 자리에 있었다. 성균관 대사성은 오늘날 서울대학교 총장에 해당한다. 공조참판은 현재 장관급이다.

두 사람은 13년간 100여 통의 편지를 주고받으며 학문적 교류를 이어갔다. 이황은 인간의 도덕심은 이(理)에서, 인간의 감성은 기(氣)에서 별도로 발현된다는 이기이원론을 주장했다. 기대승은 스승의 논리를 반박하며 이와 기는 하나로 연결됐다는 이기일원론을 주장했다.

둘의 공방은 8년간 이어졌다. 이황의 논리에 기대승이 의문을 제기하면 이황이 답했다. 이황은 기대승의 학식을 존중하고 그의 논리를 상당 부분 받아들여 생각을 수정했다. 이황은 하급 관리에 불과한 기대승에게 하대하지 않고 예를 갖췄다. 기대승은 이황의 가르침을 받아 자신의 학문에 깊이를 더했다.

논어 2-13

자공이 군자에 대해 묻자 공자가 말했다.
"말을 내뱉기 전에 먼저 행동을 하고, 그다음에야 말이 행동을 뒤따르게 하는 사람이다."

子貢問君子, 子曰 先行其言, 而後從之.
자공문군자, 자왈 선행기언, 이후종지.

교사 오늘의 말씀은 어떤 말인가요?
이준 내가 말을 하기 전에 행동으로 증명하라는 말인 것 같아요.
교사 무슨 말인지 더 설명해줄래요?

이준 "난 공부를 열심히 할 거야."라고 말하기 전에 진짜 행동으로
　　　보여주는 거예요.
교사 말보다 먼저 행동을 해야 할 때는 언제인가요?
우현 전쟁에서 장수가 직접 나서서 싸워요.

　우현이의 말을 듣고 이순신 장군이 생각나 명량대첩에 관해 이야기
해주었다. 임진왜란 칠천량 해전에서 조선 수군은 크게 패한다. 전선
50척과 거북선 3척이 침몰하고 사망자는 수천에 달했다. 이순신 장군
이 복직되었을 때는 12척의 배밖에 남지 않았다. 이런 상황에 조선 수
군은 명량에서 일본 배 330척과 맞붙는다.

　이순신 장군은 좁은 해협인 울돌목으로 적을 유인했다. 330척이 밀
고 들어왔지만, 울돌목 좁은 곳을 통과해 들어온 배는 100여 척이었다.
이순신 장군이 병사들에게 정신훈련을 시켰지만 다들 겁을 먹고 따라
나서는 배가 없었다. 홀로 100여 척과 맞서 싸웠다. 그 모습을 보고 감
동한 다른 배들이 그제야 싸우러 왔다. 남보다 앞서서 다른 사람에게
모범을 보이는 일이 '솔선수범'이라고 알려주었다.

　논어 말씀을 읽고 어떤 말을 해줄까 고민했을 때는 이순신과 솔선
수범 이야기를 떠올리지 못했다. 아이의 생각과 말을 듣고 내가 준비
하지 못했던 이야기를 해줄 수 있었다. 논어를 아이들과 함께 읽어나
가면 미처 생각하지 못한 사실을 발견할 수 있다. 이해하지 못했던 내
용을 확실히 이해하고 부족한 부분을 채울 수 있다. 논어를 통해 아이
들만 배우지 않는다. 교사도 아이들의 생각을 통해 배우고 함께 성장
한다. 아이들과 논어를 읽으면 교학상장의 기쁨을 누릴 수 있다.

모범이 되는 어른
애정과 관심으로 시작한다

우리 시대 본받아 배울만한 어른으로 신영복 선생님이 계셨다. 선생님의 마지막 책 〈담론〉에는 공부에 관한 이야기가 나온다. 공부는 머리가 아니라 가슴으로 하는 것이며, 가슴에서 끝나는 여행이 아니라 '가슴에서 발까지의 여행'이라고 했다.[20]

공부를 가슴으로 한다는 말은 다른 사람의 삶을 이해한다는 이야기다. 타자에 대한 존중의 자세로 공감하는 일을 말한다. 내 생각이 항상 옳다는 보장이 없으니 다른 사람 의견을 존중하는 자세를 가져야 한다. 이것이 머리에서 가슴까지의 여행이다. 톨레랑스, 프랑스의 자부심이며 근대사회가 도달한 최고의 윤리성이 바로 관용이다. 그러나 최종 목적지는 가슴에서 발까지의 여행이어야 한다.

---

20) 신영복, 〈담론〉, 돌베개, 20쪽

초등 논어 수업

책에서 신영복 선생님은 목수 문도득의 이야기를 들려준다. 우리는 보통 집을 그릴 때 지붕부터 그리지만 문도득은 주춧돌부터 그렸다. 이는 목수의 경험이 묻어난 것이다. 앎과 실제가 일치된 것이다. 이때 만약 그가 그린 그림을 보며 "우리 서로의 차이를 존중합시다."라고 말한다면 어떻게 될까? 내게 아무런 일도 일어나지 않을 것이다.

물론 서로의 차이를 이해하고 존중하는 일은 필요하다. 그러나 이는 근대적 사고방식이다. 톨레랑스는 결국 타자를 바깥에 세워두는 것이다. 자기 변화로 이어지지 않는다. 탈근대로 나아가는 길은 내가 변하는 데 있다. 선생님은 목수의 그림을 보며 그것을 깨닫고 가슴에서 발까지의 여행을 시작하셨다. 바로 자기 변화의 길이다.

차이는 자기 변화로 이어지는 출발점이어야 한다. 차이는 공존의 대상이 아니라 감사의 대상이다. 나와 다른 사람의 특성을 보면 고마움을 느껴야 한다. 내가 바뀌고 성장할 수 있는 기준이 되기 때문이다. 차이는 학습의 교본이고, 변화의 시작이다. 공부는 끊임없이 자기 세계를 해체하고 자신을 변화시키는 일이다. 가슴에서 끝나는 여행이 타자에 대한 공감과 애정이라면 가슴에서 발까지의 여행은 자기 변화다. 어른이란 가슴에서 발까지의 먼 여정을 기꺼이 떠나는 사람이다.

65세 이상의 인구가 전체 인구의 14%를 넘으면 고령사회다. 2017년 우리나라는 이 기준을 넘었다. 통계청이 발표한 2021 고령자 통계에 의하면 우리는 2025년 고령자 비중이 20%를 넘는 '초고령사회'에 진입한다. 나이를 먹는다고 모두 어른이 되지 않는다. 본받아 배울만한 어른이 되려면 끊임없는 수양과 자신을 들여다볼 줄 아는 자기반성이 필요하다. 자기 생각이나 행동이 다른 사람들에게 어떻게 비치고 어떤 영향을 줄지 걱정하고 성찰해야 한다. 다른 사람과의 차이에 감사하고 자기를 변화시킬 줄 알아야 한다.

우리 교사들도 아이들에게 모범이 되는 어른이어야 한다. 먼저 아이들의 이야기를 경청해야 한다. 아이들의 생각을 들으려면 애정과 관심을 표현하는 질문이 필요하다.

"요즘 무엇에 관심이 있니?"

"요즘 제일 재미있는 게 뭐니?"

아이들의 이야기를 듣다 보면 우리 생각과 다른 부분이 생긴다.

"어제 유튜브 보느라 새벽 2시에 잤어요."

어른의 조언이라고 말하면서 일방적인 의견 전달을 하지 않는다. 다른 생각을 인정하고 존중해준다.

"늦게까지 봤네. 선생님도 유튜브 자주 보는데. 어떤 내용이니?"

"선생님, 달이 1년에 3.8cm씩 지구에서 멀어지고 있대요."

"그래? 어떻게?"

"달이 지구를 끌어당기는데 그러면 지구는 자전 속도가 줄고, 운동 에너지가 준대요. 그만큼 달은 운동에너지가 높아지고, 공전 속도가 높아져요. 그러면 달은 공전 궤도가 커지면서 지구랑 멀어지는 거래요."

과학 전문 유튜브 채널을 구독하면서 우주를 배우고 있었다. 요즘 아이들은 유튜브를 통해 재미있는 콘텐츠를 찾아 공부한다. 이 아이에게 "그렇게 늦게 자면 어떡하니. 나는 10시면 잤단다. 일찍 자라. 영상을 많이 보지 마라. 눈 나빠진다. 공부는 책으로 하는 거다."라고 말하는 건 소용이 없다. 차이는 공존의 대상이 아니라 고마움의 대상이다. 아이에게 유튜브 채널 이름을 물었더니 과학 전문 채널 여러 개를 알려준다. 유튜브에 들어가 구독 버튼을 눌렀다.

논어 3-15

공자가 태묘에 들어가 일마다 물었다. 어떤 사람이 말했다.
"누가 추 땅 사람의 자식(공자)이 예를 잘 안다고 했는가? 태묘에 들
어와 매사를 묻고 있구나."
공자가 그 말을 듣고 말했다. "이것이 바로 예이다."

子入太廟, 每事問. 或曰 孰謂鄹人之子, 知禮乎?
자입태묘, 매사문. 혹왈 숙위추인지자, 지예호?
入太廟, 每事問. 子聞之曰 是禮也.
입태묘, 매사문. 자문지왈 시예야.

팔일편 15장은 모범이 되는 어른의 모습을 보여준다. 공자가 임금
님 묘에 갔다. 묘를 지키는 사람에게 제사 절차를 계속 물었다. 관리인
은 귀찮기도 하고 저명한 공자가 계속 물어보니 의아했다. "과연 누가
당신 같은 시골 촌놈이 예를 안다고 말하는가(謂)? 당신이 예를 그렇게
잘 안다면 왜 매사를 꼬치꼬치 묻는가?" 그의 어투는 비난에 가깝다.
이 말을 들은 공자는 매사를 물어보는(每事問) 일이 예(禮)라고 했다. 즉,
언행을 삼가고 경건한 태도가 바로 예인 것이다.

　　교사　공자는 제사 절차를 알았을 거예요. 그런데 왜 관리인에게 계
　　　　속 물었을까요?

예린 내가 안다고 가르치려고 하면 관리인이 속상하잖아요. 절차를 알지만, 일부러 공손하고 겸손한 거예요.

은혜 상황에 따라 최선을 다하는 것이 예의 근본이라고 했잖아요. 일마다 물어보는 것이 최선을 다하는 행동이기 때문에 계속 물어본 것 같아요.

교사 논어의 말씀과 여러분의 이야기를 들으니 부끄러운 일이 생각났어요. 고등학교 1학년 수학 시간이었는데 공부하는 내용을 다 안다고 생각했어요. 그래서 교실 뒤로 나가 소설책을 읽었어요. 수학책으로 가린 채 말이에요. 예를 지키지 않고 매사문하지 않았어요. 수학 선생님께 죄송하네요.

나의 잘못을 얘기했더니 아이들이 좋아한다. '선생님도 저런 때가 있었구나.' 하며 재미도 느끼고 안심하는 표정이다.

우리 어른도 완벽하지 않다. 살면서 실수도 하고 잘못도 한다. 아이들에게 주어진 상황에서 최선을 다해야 한다고 말하지만, 예를 지키는 일은 어른도 어렵다. 우리가 아이 곁에서 할 수 있는 일은 어른으로서 모범을 보이는 일뿐이다. 먼저 어른도 완벽하지 않다는 사실을 인정하고 보여준다. 잘못한 행동을 반성하고 기꺼이 고치려는 모습을 보인다. 교사도 실수한다는 사실을 알린다. 잘못된 행동을 고치고 성장하는 모습을 보여주면 아이들도 똑같이 따라 한다. 모범이 되는 어른이라면 질문이 필요하다. 매사문, 자기 자신에게 일마다 물을 수 있어야 한다.

'지금 하는 내 행동이 최선인가?'

'지금 하는 생각과 행동이 부끄럽지 않은가?'

논어 수업은
어떻게
해야 할까?

매일 아침 아이들과 논어를 만나는 방법을 구체적으로 소개한다.

1. 함께 소리 내서 오늘의 구절을 읽는다.
2. 공책에 오늘의 구절을 필사한다.
3. 오늘의 구절에 대해 함께 이야기를 나눈다.
4. 깨달은 점과 내 삶에 적용할 점을 적는다.

아침 활동 시간에 이렇게 네 단계로 논어를 읽는다. 빠르면 20분 안에 마무리할 수 있다. 아이들이 이야기를 많이 쏟아내면 1시간이 훌쩍 지나기도 한다. 아이들과 함께 이야기하다 보면 시간 가는 줄 모르고 대화에 빠져있을 때가 많다. 단계별로 무엇을 하는지 살펴보자.

암송
자기 안의 타자를 만나다

1

논어 구절을 눈으로 읽지 않고 왜 소리 내서 읽을까? 소리를 내서 읽으면 시각과 청각을 함께 쓰게 된다. 내 목소리를 들으면서 논어 구절이 몸속으로 스며든다. 구절이 무엇을 의미하는지 몰라도 상관없다. 소리 내서 읽다가 이해가 잘 안 되면 알아서 천천히 읽게 되고, 문득 뜻을 깨우친다.

교사들은 이렇게 암송한다고 하면 거부반응을 보인다. 주입식 암기 교육을 떠올리기 때문이다. 소리 내서 읽게 되면 비판적 사고를 하지 못한다고 지적한다.

하지만 암기와 암송은 다르다. 암기는 묵독하면서 개별적으로 이뤄지지만, 암송은 소리를 염두에 두고 집합적으로 이루어진다. 암기는 자기만의 외딴 방에서 정보를 머리에 담는다. 혼자만의 공간에서 이뤄지는 암기는 남과 함께할 수 있는 '사이 공간'이 없다. 결국 지식은 한 개인이 노력해서 얻는 것이라는 잘못된 선입견을 품게 된다.

반면 암송은 모두가 함께 읽기 때문에 지식의 사적 소유라는 프레임에서 벗어날 수 있다. 소리를 내면서 읽을 때는 뛰어난 사람과 열등한 사람이 서로를 소외시키지 않는다. 우열의 구분 자체가 없다. 자기가 할 수 있는 만큼 목소리를 내면 된다. 그래서 고전을 친구들과 함께 소화할 수 있다. 암기는 국가 교육과정의 학습 단계를 벗어나지 못하지만, 암송하면 초등학생도 논어를 읽을 수 있다.[21]

큰 소리로 논어 구절을 읽다 보면 내 목소리를 듣게 된다. 어느 순간 내 목소리가 다른 사람이 내는 것처럼 낯설게 들린다. 한 차원 높은 위치에서 바라보며, 객관적으로 내 목소리를 들을 수 있다. 목소리란 내 안의 타자다. 암송은 자기 안의 타자를 발견하는 과정이다.

친구들과 함께 소리 내어 읽기 때문에 다른 사람의 목소리에 귀를 기울이는 능력도 터득할 수 있다. 목소리에도 그 사람만의 색깔과 개성이 있다는 사실을 알게 된다. 사람에 대해 입체적으로 바라볼 수 있다. 내 목소리와 친구 목소리가 합쳐져 새로운 소리가 난다는 걸 생생하게 느낄 수 있다.

상상해보자. 나와 친구들의 목소리가 논어라는 고전과 결합한다. 소리의 주파수와 음질이 일반 소리와 다르지 않겠는가? 이런 소리와 접속하면 그 기운이 그대로 내 몸으로 들어온다. 논어를 낭송하면 몸과 마음의 기운을 바꿀 수 있다. 이렇게 암송을 통해 오늘의 구절과 내가 서로 만난다.

---

21) 고미숙, 〈공부의 달인, 호모쿵푸스〉, 그린비, 91~93쪽

필사
완벽한 사색의 시간을 갖다

소리를 내서 오늘의 구절과 만난 뒤에는 공책에 베껴 적는다. 귀찮고 힘든 일인데 왜 굳이 써야 할까? 손으로 꾹꾹 눌러 쓰다 보면 그 구절에 대한 새로운 체험을 할 수 있기 때문이다.

공자와 제자들이 나눈 이야기를 직접 적다 보면 내가 공자나 그의 제자가 되어 대화를 나누는 것 같은 기분이 든다. 오늘의 구절이 씨앗이 되어 내 마음속에 심어진다. 소리 내서 읽는 일이 '스며듦'이라면 공책에 필사하는 일은 '심어짐'이라고 할 수 있다.

필사를 하게 되면 느리게 가는 시간의 소중함을 알게 된다. 느리지만 내가 쓰는 문장이 흔적이 되어 마음에 심어진다. 1~2분 안팎의 시간 동안 조용히 필사하면 그만큼 완벽한 사색의 시간은 없다. 필사하면 손가락과 손목의 아픔을 고스란히 느낀다. 아이들은 노력한 만큼 얻을 수 있다는 사실을 깨닫게 된다. 필사는 마음이 남긴 흔적이다. 필체는 그 사람의 마음을 알 수 있는 증거다. 필체는 글을 쓴 사람의 마음을 대변한다. 글씨체는 곧 마음체다.

요즘 아이들은 무언가 쓰는 것 자체를 달가워하지 않는다. 유튜브나 TV 등 영상매체의 홍수 속에 있기 때문이다. 우리 시대를 지배하고 있는 감각은 시각이다. 우리를 군림하는 시각의 폭주를 거스를 수 있는 유일한 처방은 쓰기다. 필사를 통해 우리는 촉각뿐만이 아니라 감춰져 있던 청각, 후각, 미각의 감수성을 살려낼 수 있다.

한 손으로 연필을 꼭 쥐고 다른 손으로는 종이 위에 손을 얹은 채 논어 구절을 천천히 적는 모습을 상상해보자. 양손을 통해 전해오는 촉감이 몸속의 세포를 깨운다. 종이 위에 연필이 사각거리는 소리는 일차적인 감각이다. 필사를 통해 우리는 마음이 울리는 소리를 듣는다. 텍스트가 이해될 듯 이해되지 않아 마음이 웅성거리는 소리를 낸다. 삶을 새롭게 바라보는 깨달음을 얻으면 기쁨과 환희의 소리가 들리기도 한다.

미지의 구절이 필사를 통해 내게 유의미하게 다가온 순간 아이들은 전율한다. 전율할 때 호흡은 평소와 다르다. 들이마시는 공기가 확 커져 가슴이 트인다. 인생의 새로운 참맛을 느낄 수 있다고 표현하면 너무 오버인가? 그렇지 않다. 필사를 통해 우리는 새로운 존재로 바뀔 수 있다. 그 과정에서 우리가 숨겨왔던 오감을 모두 사용한다.

3

대화

사고를 확장하다

이제 가장 중요한 단계를 지나야 한다. 내 몸에 스며들고 심어진 오늘의 구절에 대해 내 생각을 표현하는 시간이다. 교사는 자기 생각은 잠시 접어두고 아이가 어떻게 생각하는지 말하도록 이끈다. 아이에게 "어떻게 생각해?"라고 질문하여 논어 구절을 깊이 생각할 수 있도록 돕는다. 아이들이 자기 생각을 말하면 교사는 이유를 묻는다. 교사의 물음으로 아이들은 사고를 확장할 수 있다.

먼저, 어려운 단어가 나오면 그 단어가 무슨 뜻인지 묻는다. 논어에는 관대, 공경, 상례, 아첨, 평정심 등 한자어가 많이 나온다. 아이들이 한자어에 익숙하지 않기 때문에 단어의 뜻을 물어본다.

논어 수업을 하기 전에 미리 국어사전에서 뜻을 파악해둔다. 자주 등장하는 '예'와 '인'은 아이들에게 매번 의미를 묻는다. 아이들은 예는 주어진 자리에서 최선을 다하는 것, 인은 나보다 다른 사람을 먼저 배려하고 존중하는 일이라고 이야기한다.

어려운 단어의 뜻을 파악하고 나면 구절 전체의 의미를 묻는다. 오늘 말씀의 핵심이 무엇인지 질문하고 아이들의 생각을 듣는다. 다른 친구가 말을 하면 그 의견에 대해서 어떻게 생각하는지 보충해달라고 한다. 이렇게 대화를 통해 생각 조각들을 모은다. 이야기를 나누면서 생각 조각들을 연결하게 되면 오늘의 논어 구절을 이해하게 된다.

의미를 이해한 뒤에는 일부러 반대되는 이야기를 꺼낸다. '다른 사람에게 베풀어야 한다.'라는 말이 나왔다면 "다른 사람에게 가진 것을 베풀게 되면 내가 손해 보는 것 아닌가요?"라고 반문한다. 오늘의 핵심 내용과 반대로 생각해볼 수 있도록 유도한다.

갈등 상황을 만들어주기도 한다. 도덕성에 관한 구절을 배웠다면, 도덕성은 좋지만 일을 잘하지 못하는 사람과 도덕성은 좋지 않지만 일을 잘하는 사람을 제시한다. 이 중에 어떤 사람과 지내고 싶은지 묻는다. 이렇게 반대되는 이야기나 갈등 상황을 제시하면 아이들이 다시 집중한다. 새로운 상황에 대해서 기를 쓰고, 머리를 쓴다. 정답이 없는 질문에 자기만의 논리를 만든다.

생각할 거리를 제공하다 보면 어느 순간 아이들이 생각지도 못한 질문을 건네온다. '다른 사람에게 베풀어야 한다.'는 이야기를 하고 있을 때 명진이가 물었다.

"선생님, 범죄자에게도 베풀어야 하나요?"

이 질문에 대해 다른 사람들은 어떻게 생각하는지 물었다. 자연스럽게 전체 토론으로 이어졌다. 질문을 만들었다는 사실은 오늘의 구절을 제대로 이해했다는 뜻이다. 새로운 생각이 기존의 자기 세계와 부딪치고 삶등한다는 얘기다. 마음이 웅성거리고 어쩔 줄 모르겠다는 뜻이다. 아이는 이 사태를 어떻게 해석해야 할지 너무 궁금하다. 그래서 질문을 던진 것이다. 아이들이 새로운 질문을 던지는 순간은 교사에게도 흥분되고 설레는 시간이다.

대화하는 동안 교사는 아이들에게 말을 양보해야 한다. 오늘의 구절에 대한 내 생각은 잠시 접어둔다. 아이가 머리를 써서 직접 생각하고 표현하는 일이 우선이다. 먼저 아이들의 말을 들어준다. 친구가 말한 내용에 대해 어떻게 생각하는지 자연스럽게 질문한다. 내 경우에는 평소 생활과 관련하여 아이들에게 하고 싶은 말이 생길 때 말을 할 뿐, 대부분 아이들끼리 이야기 나누는 것을 돕는다.

오늘의 구절과 관련된 영상을 보여줘도 좋다. "의로운 일을 보고도 하지 않는 것은 용기가 없는 것이다."를 배웠다. 일본 지하철역에서 취객을 구하러 뛰어든 이수현 씨에 관한 영상을 보여주었더니 아이들 모두 감동하고 숙연해졌다. 기억에 남는 순간이다. 여운을 남기며 마무리했다. 그 밖에도 종종 영상을 보며 논어 구절을 되돌아보았다.

꼬리에 꼬리를 이어 이야기를 나누다 보면 교사가 준비한 이야기와 전혀 다른 이야기를 하고 있을 때가 있다. 그래도 좋다. 아이들의 생각이 깊어지려면 다양한 대화가 필요하다. 땅을 깊게 파려면 우선 넓게 파야 한다. 땅을 넓게 파는 일도 첫 삽에서 시작한다. 첫 삽을 뜨기 위해서는 질문이 있어야 한다. 논어로 시작된 교사와 아이들의 대화 콜라보. 주고받는 이야기의 앙상블. 이를 거치다 보면 시간이 가는 줄 모른다. 어느새 넓고 깊게 파인 땅이 눈앞에 펼쳐져 있다. 이 생각의 땅 위로 아이들은 저마다 삶이라는 건물을 세울 것이다.

질문법
질문의 수준이 대화의 깊이를 결정한다

4

사고를 확장하는 대화를 위해서는 좋은 질문이 필요하다. 그렇다면 생각을 촉발하는 질문을 어떻게 만들 수 있을까? 사고 수준 질문전략을 활용한다. 사고 수준 질문전략은 미국 교육학자 블룸의 분류체계(Bloom's taxonomy)에 기초한 질문전략이다. 그는 인간의 사고를 기억, 이해, 적용, 분석, 평가, 창의로 구분하였다.[22] 아이들의 사고를 자극하기 위해 사고 수준에 맞는 질문을 활용한다.

1. 기억: 듣거나 읽은 내용을 있는 그대로 확인하는 질문
2. 이해: 정보의 의미를 알고 자기 말로 설명하는 질문
3. 적용: 정보를 새로운 상황에 대입해보는 질문

---

22) 전병규, 〈질문이 살아나는 학습대화〉, 교육과학사, 165쪽

4. 분석: 정보를 작은 것으로 나누어 조사하고 들여다보는 질문

5. 평가: 정보의 쓰임새와 가치를 판단하는 질문

6. 창의: 정보를 조합하여 새로운 가치를 만드는 질문

인간의 사고에도 수준이 있듯이 질문에도 수준이 있다. 기억과 이해 단계는 저차원적 질문이다. 적용, 분석, 평가, 창의는 고차원적 질문이다. 고차원적 질문을 하면 아이들 생각이 활발해진다. 아이들의 지능과 사고력을 높이기 위해 교사는 의도적으로 고차원적 질문을 해야 한다.

논어 구절을 읽고 사고 수준 질문전략을 어떻게 활용할 수 있을까? 기억 질문은 용어에 관한 지식을 묻는다. 회상해서 말할 수 있는 수준의 질문이다. 이해 질문은 구절을 읽고 의미를 자기 말로 풀어보도록 유도한다.

적용 질문은 배움을 삶에 가져온다. 논어 구절을 삶과 연결한다. 논어에서 배운 교훈을 아이들 삶에 적용할 수 있도록 질문한다. 분석 질문은 텍스트에 나오지 않는 이면의 무언가를 묻는다. 논어 구절에 드러나 있지 않은 구절 너머의 생각을 묻는다.

평가 질문은 가치나 쓰임새를 아이들 스스로 판단하도록 유도한다. 논어 구절의 옳고 그름, 가치, 장단점을 묻는다. 창의 질문은 알게 된 사실을 새로운 방식으로 활용한다. 논어 구절을 활용하여 무언가를 생산해낸다. 오늘의 구절과 관련된 나만의 새로운 구절을 만든다.

논어 4-1

공자가 말했다.

"인자(仁者)의 마을에 거주하는 것이 훌륭한 것이다. 거주할 곳을
잘 선택하여 인자의 마을을 택해 살지 않는다면 어찌 지혜롭다고
하겠는가?"

子曰 里仁爲美. 擇不處仁, 焉得知?
자왈 이인위미. 택불처인, 언득지?

이 구절을 읽고 사고 수준에 맞는 6단계 질문을 만들어보자.

사고 수준	질문
기억	전에 배웠던 인(仁)의 뜻은 무엇이었나요?
이해	오늘의 구절은 무슨 말인가요? 핵심은 무엇인가요?
적용	인(仁)한 마을은 어떤 모습일까요? 주변에서 인한 사람을 본 적 있나요? 우리 교실을 인한 공동체로 만들려면 어떻게 해야 할까요?
분석	인한 마을은 어떻게 만들까요? 인한 마을은 왜 만들기 어려울까요? 인한 마을로 이사하는 행동이 지혜로운 까닭은 무엇일까요?
평가	인자의 마을을 찾아 이사 가는 것이 옳을까요?
창의	"인자의 마을에 거주하는 것이 훌륭한 것이다." 뒷부분을 여러 분이 새롭게 만들어볼까요?

기억 질문과 이해 질문은 정답이 존재하는 것을 물을 수밖에 없다. 학생들은 하나의 정답을 찾는 교육에 익숙해지고 사고의 과정 없이 정답을 외우게 된다. 외우는 방식으로는 지식을 활용하는 체계가 개선되지 않는다. 기억 질문과 이해 질문으로는 사고력이나 지능을 높일 수 없다. 하지만 우리는 기억 질문과 이해 질문 위주의 교육을 받았다. 그 영향으로 여전히 아이들에게 저차원적 질문을 던진다.

　앞으로 교육은 지식보다 사고력에 초점을 두어야 한다. 활용 가능한 참된 지식은 사고력을 통해 쌓인다. 사고력이 뛰어난 아이는 부모의 유전으로 결정되는 것이 아니라, 체계적인 연습이 축적되어 나타난다. 아이들의 생각하는 힘을 기르기 위해 교사가 먼저 고차원적 질문을 의도적으로 연습해야 한다. 교사가 높은 사고 수준의 질문을 던지면 아이들이 나누는 대화 수준은 깊어질 수밖에 없다.

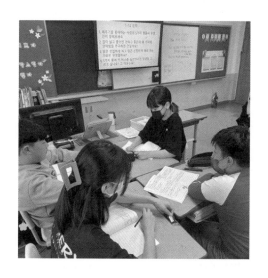

정리

깨달은 것을 삶에 적용한다

이제 마지막 관문이다. 깨달은 점과 적용할 점을 공책에 쓴다. 주고받은 이야기를 휘발시키지 않고 붙잡아두는 방법은 내 생각을 글로 적는 일이다. 오늘의 구절을 자기식으로 해석하고 핵심을 나만의 표현으로 바꾼다. 인자(仁者)가 사는 마을로 이사 가는 것보다 내가 사는 마을을 인하게 만들자고 이야기를 나누었다. 아이들은 어떻게 정리했을까?

"인(仁)한 사람에게 가지 않고 내가 먼저 인(仁)한 사람이 되면 된다는 걸 깨달았다."

"내가 인(仁)한 사람이 되어서 마을을 인(仁)한 마을로 만들면 된다는 것을 깨달았다."

우리는 깨닫는 것에서 한 발짝 더 나아가야 한다. 머릿속에 넣은 지식이 행동으로 변하지 않으면 죽은 지식이 된다. '가슴에서 끝나는 여행'이 아니라 '가슴에서 발까지의 여행'을 해야 한다. 마지막 활동으로 내 삶에 적용할 점을 적는다. 거창하지 않아도 좋다. 오히려 사소한 것일수록 내 삶에 적용하기 쉽고 행동할 수 있다. 내가 사는 마을을 인자(仁者)의 마을로 바꾸기 위해서 아이들은 무엇을 적었을까?

"나는 이웃에게 베풀면서 살 거다."
"내가 먼저 사람들한테 인사를 해서 인(仁)한 마을을 만들겠다."
"엘리베이터에서 사람들에게 인사해서 우리 아파트를 인(仁)한 아파트로 만들 거다."

논어의 구절은 "인자(仁者)의 마을을 택해 사는 것이 지혜롭다."라는 이야기다. 아이들은 이야기를 나누고 이를 변형했다. "우리가 먼저 인(仁)한 사람이 돼서 인(仁)한 마을을 만들자. 그 첫걸음으로 함께 사는 이웃들에게 인사를 하자." 새로운 명제를 만들고 실천 사항을 정했다.

소리 내서 읽고, 필사하고, 함께 이야기를 나누는 일은 인풋이다. 내 가슴에 스며들고 마음에 심어진 구절을 통해 삶을 통찰한다. 이를 바탕으로 깨달은 점과 삶에 적용할 점을 쓰는 일은 아웃풋이다. 내 몸을 통과해 밖으로 나온 지식은 오래 기억된다. 내가 다짐한 내용을 삶에 적용하면 살아있는 지식이 된다.

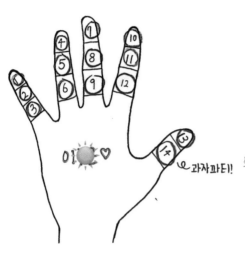

1

2-6 = 부모가 오직 자식의 질병 앤 걱정만을 해야한다.
예의를 묻고 걱정 같은 얘기거나하고 걱정(?) 받았을 ♡
ㄴ 뭔가 오직 내 건병만 걱정 해주고 받았으면 내가
알아서 하기!! **효도**

2-10 = 그사람이 어떻게 자신의 삶의 모습을 숨길수 있었나?
이말을 듣고 꾸준했던 조심해야 겠다고 생각함! (예전 나쁜
내 습관이 있었지...) ㄴ 항상 좋은말,행동 유의 얘기기 어려
감사요번~ **습관**

2-17 = 아는걸 안다고 하고 모르는 걸을 모른다고 어떻게 좋게 아껴레다. 이렇게 위로한다. 되게 길리는 말
같은 ♥ ㄴ 알고가 끝나고 배웠던걸 다시 되살려 봐야겠다!

3 **배움**

이 ☀♡

ⓨ 과자파티!!

2-6 = 부모가 오직 자식의 질병만을 걱정하죠 해야 한다.
ㄴ 안마 10번.

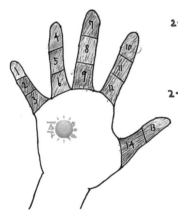

주 ☀

2-8 = 말이 듣고/보고 위태로운 것을 제쳐 놓고
조심히 말/행동을 하면 말/행동에 허물이 없다.
ㄴ 감사하다고 말하기 (1번)

2-22 = 사람으로서 신뢰가 없으면 그의 나머지
재능이 제대로 작용할지 모르겠다.
ㄴ 누군가에게 친절한 말 하기.

초등 논어 수업

4교시

논어는
무엇을
말하고 있을까?

초등학교 시기는 도덕적 가치를 배우고 형성하는 시기다. 아이들은 논어를 통해 인격 발달과 도덕적 행동의 중요성을 이해한다. 주어진 상황에서 예를 다하고, 친구들을 존중하고 배려한다.

다음 일곱 가지 가치는 우리 교실에서 가장 많이 사용하는 논어 이야기다. 논어를 배우고 나서 나는 일상에서 아이들에게 이 일곱 가지 덕목을 강조한다.

1. 인성
2. 예
3. 인
4. 경청
5. 검약
6. 자립
7. 공헌

1

인성
근본을 세운 사람만이 학문을 할 수 있다

중학교 1학년 도덕 시간이었다. 친구 두 명이 수업 시간에 계속 장난을 쳤다. 친구들은 선생님께 여러 차례 지적을 받았는데도 장난을 멈추지 않았다. 선생님께서 둘을 앞으로 불러 말씀하셨다.

"공부해서 뭘 하겠니. 먼저 사람이 되어야지!"

이후로 친구들이 수업을 잘 들었는지 기억나지 않지만, 선생님께서 하신 말씀은 여전히 간직하고 있다. 두 가지 궁금증이 생긴다.

첫째, 사람이 되는 일은 무엇일까? 수업 시간에 장난을 치지 않는다고 저절로 사람이 되는 것은 아니다. 동물과 다른 인간만의 특성은 무엇일까?

둘째, 우리는 공부를 통해 사람이 되는 것은 아닐까? 동물과 별 차이가 없던 사람이 '사람'이 될 수 있는 것은 교육 덕분이 아닐까?

이 두 가지 질문에 대한 답변이 논어에 나온다. 아이들과 나눈 이야기를 살펴보자.

논어 1-6

공자가 말했다.

"젊은이들이 집안에서는 효성스럽고 밖에서는 어른들을 공경하고 몸가짐을 단속하고 말에 신의가 있고, 대중을 널리 포용하고 인자(仁者)를 가까이해야 한다. 이렇게 실천하고도 남은 힘이 있거든 그때 가서 문(文)을 배우도록 하라."

子曰 弟子入則孝, 出則弟, 謹而信, 汎愛衆而親仁. 行有餘力, 則以學文.
자왈 제자입즉효, 출즉제, 근이신, 범애중이친인. 행유여력, 즉이학문.

우리가 어떤 사람을 제대로 아는 일은 그의 사람됨을 안다는 뜻이다. 그 사람이 행동하는 모습을 관찰하면 됨됨이를 알 수 있다. 예를 들어 집에서는 부모에게 효도하고, 마을에서는 주변 이웃 사람을 공경하는 직장 후배가 있다고 생각해보자. 그는 직장에서도 주변 사람들을 존중할 것이다. 타인에게 이유 없이 대들거나 거슬리는 행동을 하지 않을 것이다. 사람으로서 지닌 품성과 인격은 안과 밖이 다르지 않다.

학이(學而)편 2장에서는 효와 공경을 사람됨의 근본이라고 했다. 인(仁)에 도달하는 길은 가까운 이들을 향한 효도와 공경에서 시작한다고 보았다.

학이편 6장에서는 여섯 가지 덕목을 추가한다. 행동할 때는 삼가야 하고(謹) 말에는 믿음이 담겨야 한다(信). 널리 사람들을 사랑하고(愛)

어진 이를 가까이해야 한다(親仁). 이런 모습이 몸에 익어 의도하지 않아도 자연스럽게 행동할 수 있을 때(行) 비로소 학문을 할 수 있다. 학문을 배우기에 앞서 도리에 맞는 행실이 선행되지 않는다면 학문을 배워봤자 소용이 없다.

교사 오늘의 구절에 나와 있는 여덟 가지 덕목이 무엇인지 찾아보세요.

지유 효(孝), 제(第), 근(謹), 신(信), 애(愛), 친인(親仁), 행(行), 학(學)이요!

교사 학이편 2장에서 이야기를 나누었기 때문에 바로 근(謹)을 살펴볼게요. 몸가짐을 단속한다는 말은 무슨 뜻인가요?

예린 깊이 생각하고 함부로 행동하지 않는 거예요.

경민 괄약근?

교사 이렇게 떠오른 대로 말하지 않고, 생각하고 행동을 삼가는 것이 근(謹)이에요. 신(信)에 대해서 알아볼게요. 말에 신의가 있다는 말은 무슨 의미인가요?

재은 그 사람 말을 믿을 수 있다는 뜻이에요.

교사 평소에 어떻게 해야 주변 사람들에게 믿음을 줄 수 있을까요?

은혜 우리는 자기 일에 최선을 다하는 사람을 신뢰해요. 자기가 하는 일에 정성을 다하면 다른 사람이 믿어줘요.

교사 친인(親仁)에 대해서도 알아봅시다. 인을 실천하는 사람과 가까이 지내야 하는 이유는 무엇인가요?

예린 좋은 사람에게 물들기 때문이에요.

교사 너무 멋진 말이네요. 이런 덕목을 갖춘 사람만이 학문을 할 수 있다고 하는데요. 학문을 먼저 하면 안 될까요?

경민 기본을 지키지 않고 화를 내면서, 야! 이것 좀 알려줘. 이럴 순 없잖아요. 기본을 먼저 갖춰야 배울 수 있어요.

대연 양아치가 공부한다고 생각하면 될 것 같아요. 기본을 지키지 않으면 나쁜 마음을 먹고 사기꾼이 돼요.

재은 맞아요. 사기꾼은 배운 것을 악용해서 다른 사람에게 피해를 줘요.

아이들은 사람됨의 근본을 세운 사람만이 다른 사람을 위해 공부를 올바르게 사용할 수 있다고 이야기한다. 이야기를 마친 뒤에 깨닫고 적용할 점을 적었다.

은혜 말이나 행동을 하기 전에 생각을 먼저 하고 말과 행동을 하겠다.

해준 칼이나 총은 좋은 사람에게 쥐어주면 다른 사람을 지키고, 나쁜 사람에게 쥐어주면 다른 사람을 해친다.

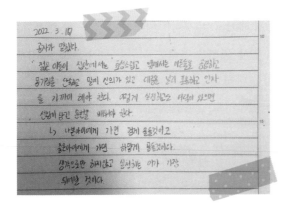

초등 논어 수업

재은 나쁜 아이에게 가면 검게 물들 것이고, 좋은 아이에게 가면 하얗게 물들 것이다. 생각으로만 하지 않고 실천하는 이가 가장 뛰어날 것이다.

뉴스를 보면 이 사람이 과연 배운 사람인지 의문이 들 때가 있다. 정치인들의 부정부패, 교수들의 갑질 논란, 의대생 성추행 사건들을 떠올려보자. 명문 대학교를 나오고 공부를 많이 한 사람들이다. 이들을 보면 공부를 잘하는 것보다 먼저 사람이 되는 일이 우선이라는 생각이 든다. 아이들 이야기가 맞다. 기본을 지키지 않으면 나쁜 마음을 먹고 다른 사람에게 피해를 준다.

처음에 제기했던 두 가지 질문 중 하나는 해결했다. 사람이 되는 일은 기본을 지키는 일이다. 나와 타인에게 위태로운 일은 삼가는 일이다. 자기 일에 최선을 다해 다른 사람에게 믿음을 주는 일이다. 타인을 사랑하고 어진 사람이 되는 일이다. 이런 모습이 몸에 밸 정도로 실천하면 사람이 된다. 두 번째 질문이 남았다. 그렇다면 이런 '사람'은 어떻게 될 수 있을까?

사람이 되는 일은 타고난 성질로 결정되지 않는다. 천성이 착한 사람이 있다고 말할지 모르겠다. 천성이 착한 것이 아니라 배움을 통해서 착해진 것이다. 착한 사람은 자기 자신과 타인, 사회에 바람직한 상태가 무엇인지 알고 있다. 착함은 무엇이 유익하고, 무엇이 해로운지 아는 것에서 비롯된다. 앎은 착함의 구성요소다. 천성이 착하다고 불리는 사람은 부모나 선생님 같은 주변 사람들의 교육 덕분에 성품이 좋아진 것이다. 사람이 되는 일은 배움의 영역이다.

앞에서 말한 정치인, 교수, 의대생들은 사람이 되는 공부를 하지 못했다. 자신과 타인, 사회에 바람직한 상태가 무엇인지 생각하지 않았다. 무엇이 유익하고 해로운 일인지 깊이 고민하지 않았다. 사람을 기르는 교육을 받지 못했다. 도덕 선생님의 말씀은 절반만 맞았다. 한 마디가 추가되어야 한다.

"교과서를 공부해서 뭘 하겠니. 먼저 사람이 되어야지! 사람이 되는 공부를 하자!"

나는 사람이 되는 교육을 위해 아이들과 함께 논어를 공부한다.

초등 논어 수업

2

예
인간의 아름다움을 완성한다

예(禮)의 근본을 말하는 논어 구절을 기억하는가? 예식과 상례에서 어떻게 행동해야 하는지 알려주는 구절이다. 예식은 사치스러운 것보다 검소한 편이 낫다. 신랑, 신부가 주인공이기 때문이다. 상례에서는 일을 척척 잘 해내는 것보다 깊이 슬퍼하는 편이 낫다. 돌아가신 분을 기억하기 위해서다. 이를 통해 예의 근본은 '주어진 상황에서 최선을 다하는 것'이라고 배웠다.

수업에서 예의 근본은 어떤 모습일까? 교사와 학생 모두 수업에서 자기 역할에 최선을 다한다. 교사는 아이들에게 의미 있는 배움을 전하기 위해 수업을 준비한다. 의미 있는 배움은 즐겁다. 하지만 재미만 있는 수업과는 다르다. 동기유발이 화려하고 게임을 통해 즐거움을 선사하는 수업은 재미만 있다. 아이들은 이런 수업을 좋아하지만 남는 게 없고 오히려 해롭다.

화려한 영상으로 동기유발을 하고 게임을 통해 즐거움을 추구하는 수업은 정서를 주관하는 대뇌변연계를 과잉 활성화한다. 변연계가 지나치게 활성화되면 도파민 분비를 촉진한다. 도파민은 즉각적인 보상과 만족을 갈망하는 신경전달물질이다. 순간적인 도파민 분비를 쫓아 쾌락을 추구하면 그 순간에는 행복하지만, 장기적으로는 해롭다.

　　도파민이 과다하게 분비되면 시간이 지날수록 보상 역치를 높인다. 아이들은 수업할 때마다 영상을 보여달라고 한다거나 게임을 하자고 조른다. 영상과 게임이 없으면 수업이 재미없다고 생각한다. 수업하면 할수록 더 자극적인 영상과 게임이 필요하게 된다.[23]

　　반면 심화된 텍스트를 읽고, 독서하고, 글을 쓰고, 어려운 수학 문제를 푸는 수업은 아이들이 힘들어한다. 머리를 써야 하기 때문이다. 하지만 막상 친구들과 힘을 합해 어려운 과제를 해내면 뿌듯하다. 배움이 즐겁고 재밌다. 교사는 아이들이 과제에 몰입할 수 있도록 사전에 아이들 수준을 파악해야 한다. 한 단계 높은 점프 과제를 제시하여 배움에 즐거움을 느끼도록 수업을 준비해야 한다. 이런 교사가 진짜 전문가다. 이것이 '교사의 예'다.

　　수업에서 학생들이 보여야 하는 예의 근본은 무엇일까? 선생님과 친구들의 말을 경청하고 수업에 집중한다. 교사가 어려운 과제를 주더라도 피하지 않는다. 내가 아는 내용을 친구들에게 표현하고 친구들이 말하는 내용을 정성껏 듣는다. 서로 힘을 합해 과제를 해결하고 배움의 기쁨을 느낀다. 내가 할 수 없었던 난이도의 과제를 해결함으로써

---

23) 데이브 아스프리, 〈최강의 인생〉, 비즈니스북스, 280쪽

성장하는 기분을 느낀다. 진정한 재미다. '학생의 예'는 수업에 열심히 참여하고 성장하는 일이다.

> ### 논어 3-16
>
> 공자가 말했다.
> "활쏘기에서는 과녁 가죽을 뚫는 일을 목표로 하지 않았다. 왜냐하면 힘이 사람마다 다 달랐기 때문이다. 이것이 옛날의 활 쏘는 예법이다."
>
> 子曰 射不主皮, 爲力不同科, 古之道也.
> 자왈 사불주피, 위력부동과, 고지도야.

공자는 단순한 문인이 아니었다. 육예(六藝)인 예절, 음악, 궁술, 승마, 글쓰기, 수학에도 정통했다. 공자는 활쏘기를 좋아했다. 자신의 어린 시절을 다음과 같이 설명했다. "어렸을 때 천하게 살아서 비천한 일 중에 잘하는 게 많다."

공자의 집안은 귀족의 가문이었지만 몰락해 경제적으로 어려웠다. 공자는 잡일을 하며 돈을 벌어야 했다. 다재다능했던 그가 활쏘기를 즐겼던 이유 중 하나는 여유롭지 못했던 집안 사정 때문이었다.

원시 사회에서 활쏘기는 수렵을 위한 기술이었다. 화살이 맹수를 관통하지 않는다면 사냥꾼이 위험해지므로 활시위를 당기는 힘이 중요했다. 하지만 문명사회로 진입하면서 활쏘기는 사냥 이상의 의미가 생겼다. 먹잇감을 사냥하기 위한 기술에서 정신 수련으로 변모했다.

팔일(八佾)편 16장의 말씀은 진정한 목표에 관한 이야기다.

교사 활쏘기에서는 무엇을 목표로 삼아야 할까요?
재은 힘을 키우는 신체 단련이 목표에요.
은혜 활쏘기를 하면서 집중력, 자신감을 키울 수 있어요.
예린 예전에 군자다운 경쟁을 배웠잖아요. 활쏘기할 때는 상대에게
　　　인사하고 배려했어요. 활쏘기의 목표는 예를 배우는 거라고
　　　생각해요.

올림픽 양궁 경기를 보면 가운데를 맞출수록 높은 점수를 받는다.
활쏘기는 힘자랑이 아니라 마음가짐의 경쟁이다. 화살이 가죽을 관통
하는지 따지지 않고 과녁 정중앙에 적중시키는지를 가린다. 활쏘기의
목표는 정곡을 맞추기 위해 온 마음을 다하여 애쓰는 일이다. 활을 쏘
면서 정신 수련과 신체 수련을 한다. 마음의 힘, 심력(心力)을 기른다.

교사 우리는 왜 공부해야 할까요? 공부의 진정한 목표는 무엇일까
　　　요?
수아 공부를 열심히 해야 좋은 대학에 가고, 좋은 직업을 가질 수 있
　　　어요. 좋은 직업을 가져야 돈을 벌고 행복할 수 있어요.

목표에는 수단 목표와 진짜 목표가 있다. 좋은 대학에 가고, 100억
을 버는 일은 수단 목표다. 좋은 대학에 진학하는 것은 더 좋은 곳에 취
직하거나 돈을 벌기 위한 결정이다. 100억을 모으는 이유는 다른 사람

들로부터 부러움의 대상이 될 만한 사람이 되고 싶기 때문이다. 100억으로 하고 싶은 다른 무언가가 있다. 이 '다른 무언가'가 진짜 목표다.

진짜 목표는 감정이 중심이 된다. '세계 여행을 가서 풍성한 존재가 되고 싶다.', '나의 분신인 아이를 키우며 기쁨을 얻고 싶다.', '모든 선택을 온전히 내가 원하는 대로 내리고 싶다.'가 진짜 목표다. 진짜 목표는 세 가지 속성 중 하나에 속한다. [24]

1. 내가 무엇을 경험하고 싶은가?
2. 인간으로서 어떻게 성장하고 싶은가?
3. 세상에 어떠한 공헌을 하고 싶은가?

좋은 대학에 가고, 좋은 직업을 갖는 일은 공부의 진정한 목표가 아니다. 이는 활쏘기에서 가죽을 뚫는 일을 목표로 삼는 것이다. 공부의 진정한 목표는 공부를 통해 어제의 나보다 더 나은 사람이 되는 것이다. 성장하는 기쁨을 누리는 것이 공부의 진정한 목표다. 학교의 진정한 목표는 무엇일까? 우리 아이들이 어제의 자신보다 더 나은 사람이 되도록 돕는 일이다. 하루하루 내가 성장하고 더 나은 사람이 되었다는 기쁨을 누리도록 돕는 일이다.

우리는 예의 두 가지 속성에 대해 알았다. 첫째, 예는 주어진 상황에서 최선을 다하는 일이다. 둘째, 예는 진정한 목표를 생각해보고 이

---

24) 데이브 아스프리, 〈최강의 인생〉, 비즈니스북스, 298쪽

에 맞게 행동하는 일이다. 마지막 한 가지가 더 있다. 예는 인간의 아름다움을 완성한다. 이에 대해 살펴보자.

논어 3-8

자하가 물었다.
"'아름다운 웃음에 보조개지고, 아름다운 눈동자의 움직임이여! 흰색으로 채색을 했네!'는 무엇을 말하는 것입니까?"
공자가 말했다.
"그림 그리는 일은 그림을 다 그린 후에 흰색으로 여백을 칠하는 것이다."
자하가 말했다.
"예가 나중에 하는 일이라는 것입니까?"
공자가 말했다.
"나를 일깨우는 사람이 바로 너로구나. 비로소 너와 시를 이야기할 만하구나!"

子夏問曰 巧笑倩兮, 美目盼兮, 素以爲絢兮, 何謂也?
자하문왈 교소천혜, 미목반혜, 소이위현혜, 하위야?
子曰 繪事後素. 曰 禮後乎? 子曰 起予者, 商也. 始可與言詩已矣.
자왈 회사후소. 왈 예후호? 자왈 기여자, 상야. 시가여언시이의.

팔일편 8장의 말씀은 비유적인 표현이 들어있다. 그림을 그릴 때 흰색으로 여백을 칠하는 일처럼 예는 사람을 완성하는 일이라는 말이다.

교사 왜 예가 사람을 완성하는 일일까요?

세빈 예의 근본은 자기 자리에서 각자 맡은 역할에 최선을 다하는 것이잖아요. 자기 역할에 최선을 다하면 사람으로서 완성되는 일이에요.

이준 세월호 선장은 자기가 맡은 역할에 최선을 다하지 않아 배가 침몰했어요. 예를 지키지 않은 거죠. 배를 운항하는 선장이 맡은 역할은 사람들을 안전하게 데려다주는 일이에요.

교사 월드컵 경기를 보면 90분 동안 열심히 뛰고 나서 잔디밭에 드러눕는 선수들이 있어요. 최선을 다해 경기하고 쓰러진 거죠. 경기에 졌다고 우리는 선수들에게 욕할 수 없어요. 그들이 최선을 다했기 때문이에요. 자기 역할에 최선을 다한 사람은 아름다워요. 제가 선생님으로서 배워야 할 내용을 제대로 준비하고, 여러분도 배움에 즐겁게 참여하면 교실 속 예가 지켜져요. 우리가 각자 맡은 일에 최선을 다하면 우리가 모두 완성됩니다. 오늘 하루 여러분의 아름다움을 완성했으면 좋겠어요.

태균 선생님, 저는 그동안 나쁜 일을 많이 해서 아름답지 않은데요?

교사 태균이가 아름다워서 예를 갖추는 게 아니라, 예를 행할 때마다 아름다워지는 거예요. 점심을 먹을 때 조리사님께 '감사히 잘 먹겠습니다.' 인사하는 일도 예를 갖추는 일이에요. 엘리베이터에서 이웃을 만났을 때 '안녕하세요?' 먼저 인사하는 것도 예를 갖추는 일이에요. 인사하기가 쑥스럽다고요? 저번에 선생님이 이야기했죠? '이분들이 오늘 하루 행복했으면 좋겠다.' 마음속으로 행운을 빌어주면 내가 행복해진다고요. 아름다워지는 일은 어렵지 않아요. 좋은 행동과 말을 하는 순간, 내 역할에 최선을 다하는 순간, 아름다워지는 거예요. 오늘 하루에도 열 번이고 스무 번이고 태균이의 아름다움을 완성할 기회가 있답니다.

오늘의 이야기를 통해 아이들이 깨달은 점과 적용할 점을 적었다.

세빈 나는 나에게 주어진 상황 속에서 최선을 다해 예를 지키겠다.
태균 오늘 나의 아름다움을 완성해봐야겠다.
지선 주어진 일에 최선을 다하겠다. 그러면 아름다운 나를 만들 수
있다.

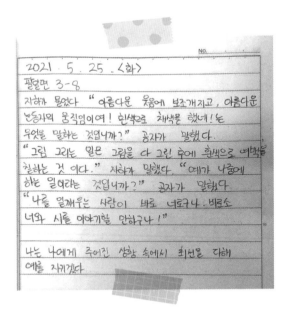

인
나보다 다른 사람을 먼저 생각한다

공자의 제자는 그 수가 많아 이름이 알려진 사람만 해도 70명이 넘는다. 공자는 많은 제자 중에 안회와 증자 정도만이 인(仁)하다고 인정했다. 그만큼 인을 실천하기 어렵다고 봤다. 하지만 어짊은 사람의 마음속에 들어있는 불변의 성질이나 성향이 아니라 끊임없는 노력을 통해 체화할 수 있다고 여겼다. 그래서 공자는 제자들에게 자신을 다잡고(約) 시습(時習)하라고 했다. 때마다 작은 일부터 실천하여 인(仁)을 행하라고 일렀다.

공자가 인(仁)을 논할 때 가장 연관되는 말은 서(恕)다. 자식에게 바라는 바로써 아비를 섬기고, 아우에게 바라는 바로써 형을 섬기고, 신하에게 바라는 바로써 임금을 섬기고, 벗에게 바라는 바로써 벗에게 먼저 베푸는 일이다. 즉, 자신이 다른 사람에게 요구하지 않고 먼저 나부터 그 일을 남에게 베푸는 일이다.

결국, 인(仁)은 자신을 향한 충(忠)과 남을 향한 서(恕)다. 자기에게 주어진 상황에서 진심과 정성을 다해 최선을 다하고, 다른 사람을 먼저 생각해 베풀면 인한 사람(仁者)이다.

논어 4-2

공자가 말했다.

"인(仁)하지 못한 사람은 곤궁한 처지에서 오래 살지 못하고, 안락한 처지에서도 오래 살 수 없다. 인한 사람은 인을 편안히 여기고, 지혜로운 사람은 인을 이롭게 여긴다."

子曰 不仁者不可以久處約, 不可以長處樂. 仁者安仁, 知者利仁.

자왈 불인자불가이구처약, 불가이장처락. 인자안인, 지자이인.

교사 인(仁)하지 못한 사람이 곤궁하면 오래 살지 못하는 이유는 무엇일까요?

세빈 인하지 못한 사람은 남을 생각하지 않고 자기만을 생각하는 사람이에요. 가난하면 다른 사람 물건을 훔치기 때문에 오래 살지 못해요.

교사 인하지 못한 사람이 안락한 처지에 있어도 오래 살지 못하는 이유는 무엇일까요?

이준 내 이익만 생각하고 남을 배려하지 않으니 이기적인 사람이에요. 이런 사람은 욕심이 끝이 없어요. 놀부처럼요.

교사 인한 사람은 인을 편하게 여긴다는 말은 무슨 뜻일까요?

동준 인한 행동이 몸에 배어있어 어렵지 않게 인을 실천한다는 말
　　　이에요.

교사 남에게 베풀면 오히려 내가 가진 것이 줄어드니 손해가 아닌
　　　가요?

수아 지혜로운 사람은 인이 좋은 것을 알아요. 남에게 베풀다 보면
　　　신뢰가 쌓여 친구가 생겨요.

지선 베풀다 보면 음식이나 돈이 없어지지만, 그 자체로 뿌듯하고
　　　사람을 얻으니 기쁨이 더 커요.

이야기를 나누다가 명진이가 새로운 질문을 던졌다. 토론을 촉발한
문제의 질문이다.

명진 근데 선생님, 범죄자에게 베풀어도 될까요?

교사 명진이의 질문에 대해 어떻게 생각하나요?

우현 사기를 친 것이면 돈을 다시 돌려주면 되지만, 살인이나 성폭
　　　행은 다시 돌이킬 수 없어서 달라질 것 같아요.

교사 상황마다 다르다고 하니 하나의 사례를 들게요. 음주 운전을
　　　해서 교통사고로 사람을 죽이고 10년 동안 감옥에 갇혀있다가
　　　나온 사람이 있다고 합시다. 이 사람이 우리 마을에 왔어요.
　　　반성을 해서 술을 절대 마시지 않아요. 운전도 하지 않으려고
　　　자동차도 없어요. 이 사람에게 인을 행해야 할까요?

인을 행하지 못한다는 아이들의 이야기다.

세빈 죽은 사람의 가족 입장이 되면 인을 행할 수 없을 것 같아요. 오히려 복수심이 들지 않을까요?

지선 사람을 죽인 것이니 무서워요. 만나서 인사는 할 수 있을 것 같지만 직접 찾아가서 음식 같은 것은 드리지 못할 것 같아요.

태균 직접 마주 보고 인사는 못 할 것 같아요. 포스트잇에다가 글을 적어서 인사는 할 수 있을 것 같아요.

수아 머리는 인을 행하라고 지시하는데, 마음은 그러지 못해요.

인을 실천해야 한다는 아이들도 있었다.

이준 범죄자도 사람이에요. 사람은 서로 돕고 베풀어야 하는데, 그 사람이 진짜 반성하면 괜찮지 않을까요?

우현 그 사람이 죄책감에 시달릴 것 같아요. 주변이 외면하면 힘들어할 것 같고요. 일부러 죽인 것이 아니니 인을 행해도 될 것 같아요.

한울 그 사람도 죄책감을 느낄 거예요. 우리가 인을 베풀어 그 사람이 우리와 잘 살 수 있도록 도와야 한다고 생각해요.

동준 〈하이에나 가족〉이라는 책을 읽었는데요. 하이에나가 가정을 꾸리는 이야기에요. 옆집에 할아버지가 굉장히 악질이었는데, 주변에서 쓰레기도 치워주고 떡도 주니 할아버지가 착해지고 함께 살았다는 이야기에요. 우리가 인을 행하면 나쁜 사람도 착해질 수 있다고 생각해요.

논어라는 재료를 통해 스스로 질문을 던지는 아이들이 멋졌다. 깊이 생각하고 자기 생각을 표현하는 모습도 훌륭했다. 내가 한 일은 아이들의 생각들을 들어주고 이야기를 할 수 있도록 판을 깔아주었을 뿐인데 이런 대화를 나눌 수 있어서 기뻤다.

아침 편지에 안연편 22장에 나오는 구절을 적었다. 국어 시간에 온 작품 읽기로 읽고 있는 〈전태일 평전〉과 인(仁)을 연결하고 싶었다. 오늘의 질문으로 인(仁)이 사람을 사랑하는 것인 이유를 사례를 들어 설명해보라고 했다. 전태일을 염두에 두고 질문을 했는데 의도대로 답변한 아이가 없었다. 논어를 공부하는 시간에 오늘의 질문을 다시 생각하면서 이야기를 나눴다.

> **선생님의 아침편지**
> 번지가 '인'에 대해 물었다.
> 공자가 말했다.
> "사람을 사랑하는 것이다."
> 오늘의 질문: '인'이 사람을 사랑하는 것인 이유를 사례를 들어 설명해보세요
> 오늘의 미션: 사람을 사랑하는 '인' 실천하기
> 21. 06. 29

논어 4-4

공자가 말했다.
"진실로 인(仁)에 뜻을 두면 악한 일을 하지 않을 것이다."

子曰 苟志於仁矣, 無惡也.
자왈 구지어인의, 무악야.

교사 진실로 인(仁)에 뜻을 두면 왜 악한 일을 하지 않을까요?

명진 진실로 인을 실천하면 다른 사람을 먼저 생각하기 때문에 악한 일을 하지 않아요.

교사 아침 편지를 보세요. 공자는 사람을 사랑하는 것이 인(仁)이라고 했습니다. 왜 그럴까요?

이준 다른 사람을 생각하는 것이 인(仁)이잖아요. 남을 생각하는 것을 넘어 남을 소중히 여기는 것이 사랑이에요.

세빈 나보다 남을 생각하는 일은 이기적인 것이 아니라 이타적이에요. 최대로 이타적인 것이 사랑이에요.

교사 우리가 알고 있는 사람 중에 사랑을 실천한 사람은 누가 있었죠?

의도한 대답이 나오지 않아 책상에 〈전태일 평전〉을 올려놓은 아이를 지목했다. 책상에 올려진 〈전태일 평전〉을 보더니, 전태일을 말한다.

교사 전태일이 어떻게 사랑을 실천했었죠?

명진 재단사가 되어서 어린 시다들을 도왔어요.

동준 버스비를 아껴 풀빵을 사주고 대신에 3시간 동안 집에 걸어갔어요.

지선 자기도 배고픈데 점심으로 싸 온 밀가루 빵을 여공들에게 나누어주고 굶었어요.

전태일은 평화시장에서 일하면서 노예 의식에서 벗어나게 되는 두 가지 사건을 경험한다. 첫 번째 사건이다. 시다가 일을 하지 않고 머뭇거리고 있기에 전태일이 왜 그런지 물었다. 시다는 울음을 터뜨리면서 이렇게 말한다.

"재단사요, 난 이제 아무래도 바보가 되나 봐요. 사흘 밤이나 주사를 맞고 일했디니 이젠 눈이 침침해서 아무리 보려고 애써도 보이지 않고 손이 마음대로 펴지지 않아요."

두 번째 사건이다. 한 미싱사 처녀가 일하다가 새빨간 핏덩이를 재봉틀 위에다 토한다. 병원에 데려가 보니 폐병 3기다. 미싱사는 해고당한다. 이들은 살림살이를 돕기 위해, 동생의 학비를 대기 위해 일했다. 한창 뛰놀 나이부터 잠 한 번 푹 자지 못했다. 그런데 그 결과 캄캄한 절망 속에서 죽어가야 했다.

전태일은 이런 현실에 눈감지 않았다. 그가 노동운동을 하고 분신한 것은 나이 어린 시다, 미싱사들에 대한 사랑 때문이었다. 주변 사람을 사랑해 자신을 희생한 인물이 우리 곁에 있었다. 전태일은 자기 목숨을 희생하며 인(仁)을 실천했다.

오늘의 이야기를 마치고 아이들이 깨달은 점과 적용할 점을 적었다.

수아 사람을 사랑하는 인을 실천하겠다.

이준 나는 나 말고 다른 사람을 먼저 생각해야겠다.

태균 나는 전태일만큼이나 인에 뜻을 둘 것이다. 남을 위하고 이타적인 생각을 할 거다.

경청

많이 들어야 말에 허물이 없다

2016년, 같은 학년 선생님 수업을 참관했다. 수업을 보고 내 가치관에 변화가 올 만큼 인상적인 장면을 보았다. 평소에 말이 없고 조용한 아이가 있었다. 선택적함구증을 갖고 있어 목소리를 들어본 사람이 없었다. 그 아이가 발표하려는 순간 다른 아이들이 숨죽이고 친구의 말을 들었다. 떠들썩하던 교실이 삽시간에 조용해졌다. 모든 아이 눈이 그 친구를 향하고 있었다. 말이 없던 아이가 용기를 내 발표했다.

나는 평소에 조용히 말하는 아이들에게 큰 목소리로 발표하라고 했다. 다른 사람들이 잘 들을 수 있도록 자신 있게 발표해야 한다고 말했다. 그러나 정작 중요한 일은 말하는 사람에게 있지 않다는 사실을 깨달았다. 누가 어떻게 말을 하든지 그 이야기를 정성을 다해 듣는 사람이 더 중요하다. 말하는 사람의 태도와 자세를 배우는 일도 필요하지만, 그보다 듣는 사람의 태도와 자세를 배우는 일이 우선이다.

선택적함구증을 가진 아이는 자기가 아무리 작은 목소리로 이야기를 하더라도 누군가 마음을 다해 들어준다는 사실을 알게 되었다. 자신을 존중해준 친구들을 위해 자기도 말을 해야겠다고 용기를 냈다. 아이는 앞으로도 자신이 존중받았던 기억을 소중하게 간직할 것이다. 누군가 자기 이야기를 진심으로 들어주는 일이 얼마나 기쁘고 행복한 일인지 깨달았기 때문이다.

참관수업 이후, 나는 교실에서 아이들에게 경청을 강조한다. 학기 초에는 경청이 왜 필요한지부터 이야기한다. 한 아이를 교실 앞으로 부르고 자기 이야기를 하도록 한다. 그사이에 다른 친구들에게는 TV로 미션을 준다. 말하는 사람을 보지 않고 대충 듣게 한다. 옆 친구와 대화하면서 듣게 한다. 이야기를 듣다가 자리를 옮기라고 한다. 그러고 나서 앞에서 이야기했던 친구에게 기분이 어땠는지 물어본다.

"제 말을 제대로 듣지 않아서 속상해요."

"저를 무시해서 기분이 나빠요."

다른 친구를 앞으로 부르고 자기 이야기를 하도록 한다. 이번에는 다른 미션을 준다. 말하는 사람을 바라보라고 한다. 고개를 끄덕이면서 듣게 한다. 공감하는 말을 하면서 듣도록 유도한다. 그러고 나서 이야기했던 친구의 기분을 듣는다.

"제 이야기를 잘 들어줘서 고마웠어요."

"너무 집중해서 부담스러웠지만, 관심 있게 들어주니 좋아요."

미션을 통해 자연스럽게 경청하는 방법을 배운다. 다른 사람과 대화할 때는 이야기를 하는 사람을 바라보고 반응하면서 들어야 한다. 고개를 끄덕일 수도 있고 공감하는 말을 할 수도 있다.

아이들에게 이야기를 들을 때는 세 가지로 들어야 한다고 강조한다. 눈, 몸통, 머리. 먼저 다른 사람이 말할 때는 말하는 사람을 바라본다. 고개를 숙이거나 다른 곳을 보면서 듣지 않는다. 얼굴만 돌리는게 아니라 말하는 사람을 향해서 몸통을 돌린다. 눈과 몸통이 말하는 사람을 향해있어야 제대로 들을 수 있다. 말하는 사람을 눈으로 보고, 몸통을 돌리는 자세가 적극적인 듣기의 기본자세다.

눈과 몸통이 기본자세라면 경청의 완성은 머리로 한다. 말하는 사람의 이야기를 집중해서 들으며 내 생각과 비교한다. 다른 사람의 이야기를 들을 때 생각 없이 가만히 있으면 안 된다. 친구의 이야기에 내 생각을 얹혀야 한다.

내가 생각하지 못했던 의견에 '좋은 생각인데?' 감탄하는 것부터 시작이다. '나도 저렇게 좋은 생각을 해봐야지.'라는 마음도 좋다. 다른 사람의 말을 들으며 내 생각을 하는 연습이 쌓이면 새로운 견해가 떠오르기도 한다. '친구가 말한 이런 부분은 좋지만, 저럴 수도 있지 않을까?' 머리로 들으면 새로운 생각이 떠오른다. 나도 말을 하고 싶어진다.

학기 초에 아이들과 듣는 연습을 반복적으로 한다. 1년 수업의 성패는 아이들 듣는 태도에 달려있다. 듣는 태도가 갖춰져 있으면 수업이 원활하게 돌아간다. 경청하는 태도가 있으면 누가 어떤 말을 해도 수용하는 분위기가 이루어진다. 다른 친구들이 내 말을 존중하니, 말할 용기가 생긴다. 다른 사람의 말을 들으면서 생각을 하고 적극적으로 수업에 참여한다. 서로의 생각이 대화를 통해 연결되면서 새로운 아이디어를 떠올린다. 서로 의견을 나누면서 협동한다. 수업이 재밌어진다.

자장이 관직을 얻는 방법을 배우려고 하자 공자가 말했다.

"많이 듣고서 의심스러운 것은 제쳐놓고 그 나머지를 조심히 말하면 말에 허물이 적을 것이다. 많이 보고서 위태로운 것은 제쳐놓고 그 나머지를 조심히 행하면 행동에 후회가 적을 것이다. 말에 허물이 적고 행동에 후회가 적다면 관직이 자연히 그 가운데 있을 것이다."

子張學干祿, 子曰 多聞闕疑, 愼言其餘, 則寡尤.
자장학간록, 자왈 다문궐의, 신언기여, 즉과우.

多見闕殆, 愼行其餘, 則寡悔. 言寡尤, 行寡悔, 祿在其中矣.
다견궐태, 신행기여, 즉과회. 언과우, 행과회, 녹재기중의.

위정(爲政)편 18장은 공자보다 48세나 어린 자장의 질문으로 시작한다. 자장은 자기 수양보다 관직에 더 관심을 가졌다. 공부나 앎의 문제보다는 벼슬을 구하는 법을 알고 싶었다. 관리가 되어 좋은 자리에 이르려면 어떻게 해야 하는지 물었다.

사람 보는 눈을 가진 공자가 이를 모를 리 없다. 공자는 어린 제자를 위해 충고한다. 관직에 관심을 가질 것이 아니라, 말과 행동을 조심하라고 타이른다. 어리석은 질문에 현명한 대답이다. 배움의 본질은 벼슬을 구하는 것이 아니라, 도리를 구하는 것에 있다고 말한다.

교사 오늘의 말씀은 크게 두 가지로 나뉘어 있어요. 두 가지의 핵심
이 뭔가요?

재은 말에 허물이 있으면 안 되고요. 행동에 후회가 있으면 안 돼
요.

교사 말에 허물이 있다는 말은 무슨 뜻인가요?

대연 허물은 쓸데없는 껍데기인 것 같아요.

교사 그럼, 말에 허물이 있다는 것은 무슨 말인가요?

현우 진짜 필요한 말 말고 상관없는 딴 얘기를 하는 거예요.

은혜 다른 사람에게 막말해서 상처를 주는 것도 허물을 남기는 거
예요.

교사 그럼, 말에 허물을 남기지 않으려면 어떻게 해야 하나요?

해준 의심스러운 것을 제쳐두고 조심히 말해야 해요.

교사 말을 신중히 하는 것도 중요하지만 그 전에 해야 할 것이 있어
요. 무엇인가요?

경민 다른 사람의 말을 경청해야 해요.

교사 맞아요. 그게 다문궐의(多聞闕疑)이에요. 다음으로 넘어가볼게
요. 여러분이 후회하는 행동에는 무엇이 있나요?

대연 높은 곳에 올라가 뛰어내려서 다치면 후회해요.

교사 도박과 투기도 위험한 행동이에요. 얼마 전 루나라는 가상화
폐가 하루 만에 99% 폭락했어요. 어떤 사람이 18억을 투자했
다가 400만 원 남아서 우는 모습이 뉴스에 나왔어요. 후회하
는 행동을 한 거죠. 이 사람의 잘못은 무엇인가요?

해준 투자가 아니라 투기를 했어요.

경민 선생님 그 사람은 투기가 아니라 투자를 했다고 볼 수 있지 않을까요?

교사 경민이 생각에 대해서 어떻게 생각하나요?

해준 한 방에 돈을 벌 욕심으로 전 재산을 넣었으니까 투기예요.

예린 결과에 후회가 없어야 투자인데, 이 사람은 후회하니 투기라고 봐야 해요.

교사 이 사람은 무엇을 잘못했나요?

재은 다른 사람들이 어떻게 투자하는지 많이 봐야 하는데 그러지 못했어요.

많이 들어야 말에 허물이 없다. 많이 보고 행동하면 후회가 적다. 오늘의 구절을 통해 많이 배웠다. 아이들은 무엇을 느꼈을까?

경민 말할 땐 많이 듣고 말하고, 행동을 할 때는 많이 보고 행동한다.

대연 말할 때 생각하고 말해야 한다는 것을 배웠다. 말을 조심하고 행동을 조심하자.

예린 많이 들어야 한다. 많이 봐야 한다. 다른 사람이 행동하는 걸 보고 좋은지 위태로운지 봐야 한다. 예를 들어 계단에서 다른 애가 5칸 뛰어내렸다. 따라 하면 후회한다. 좋은 것만 보고 따라 해야 한다.

검약
말과 행동을 아끼면 실수가 적다

    내가 초등학교 6학년 때 일이다. 친구의 한마디에 상처받았다. 지금까지 기억에 남는 걸 보면 참 많이도 속상했나 보다. 아침에 학교에서 나오는 우유를 마시고 대화를 했는데 친구가 이렇게 말했다.

    "아 입 냄새! 너 아침에 양치 안 했냐?"

    양치, 당연히 했다. 학교에 와서 우유를 마셨을 뿐이다. 우유를 마시면 입 냄새가 나는 걸 그때는 몰랐다. 혀와 잇몸에 서식하는 박테리아와 우유의 단백질이 만나면 황화합물이 생긴다. 이 황화합물 때문에 입 냄새가 발생한다. 방금 우유를 마셨다고 친구에게 항변하지 못했다. 양치했는데도 입 냄새가 풍기는 나를 탓했다.

    친구 입장에서 생각해보자. 이야기하는데 갑자기 입 냄새가 났다. 내가 우유를 마신 걸 몰랐다. 친구 역시 우유를 마시면 단백질이 분해되면서 황화합물을 만든다는 사실을 몰랐을 것이다. 그냥 떠오른 대로 말을 했을 뿐이다. 그럼 친구는 잘못이 없을까? 아니다. 떠오른 대로 말을 한 게 잘못이다. 내 말이 상대에게 어떤 영향을 미칠지 생각하지 않았다. 내가 이렇게 24년이 지나서도 그 일을 잊지 못하는 걸 친구는 알까?

교실 속에서 생활하다 보면 생각 없이 말하는 아이들을 보게 된다. 머릿속에 떠오르는 대로 말을 한다. 악의는 없다. 일부러 상처를 주려고 하는 말이 아니다. 하지만 주변 친구는 그 말에 이미 상처를 받았다. 관계가 나빠진다. 사과해도 소용이 없다. 한 번 뱉은 말은 다시 주워 담기 어렵다.

머릿속에서 떠오르는 대로 말하는 사람은 생각이 모자란 사람이다. 내가 하는 말이 상대에게 어떤 영향을 줄지 깊게 생각하지 못한다. 문제는 생각이 모자란 사람은 자기 잘못을 모른다는 점이다. 다른 사람의 상처받은 마음에 공감하지 못한다. 잘못인 줄 모르기 때문에 문제를 반복한다. 또 쉽게 말하고 타인의 마음에 생채기를 낸다.

그럼 어떻게 해야 할까? 반대로 하면 된다. 머리에서 떠오르는 대로 말하지 않고 멈춘다. 내가 하는 말이 상대에게 어떤 영향을 줄지 헤아려본다. 내 말을 듣고 상대가 어떤 마음이 들지 생각하고 신중하게 말한다.

앞에서 이와 관련된 주제로 두 가지 논어 구절을 소개했다. 첫 번째, 몸가짐을 단속하는 근(謹)이다. 떠오른 대로 바로 말하지 않고, 함부로 행동하는 일을 삼간다. 두 번째, 말에 허물이 없어야 한다. 많이 듣고 의심스러운 것을 제쳐놓은 다음에 조심스럽게 말한다.

하나의 구절이 더 있다. 검약은 말과 행동을 아끼는 일이다. 말과 행동을 검약하는 사람은 실수가 적다. 아이들의 말을 살펴보자.

논어 4-23

공자가 말했다.
"검약할 줄 알면서 실수하는 사람은 드물다."

子曰 以約失之者鮮矣.
자왈 이약실지자선의.

이인(里仁)편 23장의 말씀은 검약하면 실수가 적다는 이야기다. 살다 보면 실수하는 경우가 많다. 낭비해서 실수할 수 있고, 인색해서 실수할 수도 있다. 그렇다면 낭비함으로써 실수하는 사람들이 많을까? 인색해서 실수하는 사람들이 많을까? 낭비해서 실수하는 사람이 훨씬 많을 것이다.

"검약할 줄 알면서 실수하는 사람은 드물다."라는 공자의 말은 신중하고 검소하게 행동하며 자신을 단속할 때 실수를 저지를 가능성이 적다는 뜻이다. 공자가 검약하는 태도가 필요하다고 주장한 이유는 무엇일까? 중용의 도에 이르면 가장 편안하고 적합한 상태에 도달한다. 중용에 도달하기 위해서 자신을 검약하라고 말했다.

공자의 최종 목표는 방탕하게 행동하지도 않고, 자신을 너무 구속하지도 않는 중용의 경지에 이르는 일이다. 공자는 자신을 단속하지 않는 사람보다는 신중하게 검약하는 사람이 더 낫다고 생각했다.

교사 검약의 뜻은 무엇일까요?

이준 물건을 아끼고 낭비하지 않듯이 말과 행동도 아끼는 거예요.

교사 검약할 줄 알면 실수가 적은 이유는 무엇일까요?

지선 자기가 지킬 수 있는 말만 해요.

수아 한 번 더 생각하고 신중하게 말하기 때문에 실수가 적어요.

교사 말을 신중하게 한다는 것은 어떻게 말하는 것일까요?

동준 내가 하는 말을 내가 지킬 수 있는지 생각하는 것이에요.

세빈 내가 말하는 것에 미치지 못해 부끄럽지 않은지 생각해보는 거예요.

아이들이 며칠 전 공부했던 이인(里仁)편 17장의 구절을 이용해서 설명한다. 어질지 못한 사람을 보면 그 사람을 비난하지 말고, 나 자신도 인(仁)하지 못해 부끄럽지 않은지 성찰하라는 이야기였다.

교사 말을 신중하게 하는 모습에는 또 어떤 형태가 있나요?

명진 내가 하는 말이 상대에게 어떻게 다가갈지 생각하고 말해요.

이준 다른 사람이 기분 나쁘지 않게 섬세하게 간언해야 해요.

이 말도 얼마 전 배웠던 이인(里仁)편 18장의 구절을 응용했다. 부모의 잘못된 점을 보았을 때는 섬세하게 간언해야 한다는 이야기다. 아이들이 배운 내용을 기억하고 있다가 적절히 연결해서 대답했다. 다른 사람을 생각해서 말을 하는 모습을 구체적으로 상상해보도록 상황을 제시했다.

교사 여러분이 직장에 다니고 있어요. 후배가 일을 잘 처리하지 못해서 여러분도 힘들고 후배도 힘든 상황이에요. 후배에게 어떻게 말하는 것이 섬세하게 간언하는 것일까요?

수아 후배가 기분 나쁘지 않게 섬세하게 얘기하는 것은 맞지만, 그렇다고 후배를 생각해서 내가 하고 싶은 말을 못 하면 안 될 것 같아요.

이준 후배 마음을 살피되, 도움이 되도록 잘못된 부분을 정확히 알려주어야 해요.

아이들과 이야기하다 보니 오늘의 짧은 이야기에서 인생 교훈을 얻었다. 신중하게 말하는 것은 두 가지를 생각하는 일이다.

1. 내가 하는 말에 스스로 부끄럽지 않은지 살피고 이야기한다.
2. 상대방의 기분을 살피고 상대에게 도움이 되도록 이야기한다.

오늘의 구절을 배우고 나서 깨달은 점과 적용할 점을 적었다.

동준 말을 하기 전에 상대방과 나를 생각하고 말한다.
태균 나는 말과 행동을 아껴 실수하지 않는 사람이 될 거다.
이준 나는 상대와 나를 생각하며 말하겠다. 말을 할 때는 나와 상대에게 도움이 되어야 한다.

6 자립

남의 인정에서 벗어나 스스로 책임진다

프랑스 정신분석학자 자크 라캉(Jacques Lacan)을 아는가? 그가 이런 말을 했다. "인간은 타자의 욕망을 욕망한다." 아이는 엄마를 행복하게 만드는 일을 한다. 아이가 한 번 웃으면 엄마가 좋아한다. 그럼 아이는 계속 웃는다. 뒤집기를 하면 주위 가족들이 손뼉을 친다. 아이는 뒤집 기를 계속한다. 걷는 일과 말을 하는 일도 똑같다. 나이가 들면 그 대상 이 부모, 친척, 친구들, 선생님, 사회가 된다. 학교에서 공부를 잘하면 선생님이 칭찬하고 친구들이 부러워하기 때문에 아이는 계속 공부를 잘하고 싶어 한다.

아이는 다른 사람의 욕망을 충족시키면서 사회를 배워나간다. 누구 나 겪는 자연스러운 발달 과정이다. 자라면서 나의 욕망과 타인의 욕 망을 구분해나간다. 그런데 내 욕망과 다른 사람의 욕망을 구분하지 못하는 경우가 생긴다. 성적이 좋은 학생일수록 이런 상황을 벗어나기 어렵다. 내가 원해서 공부를 열심히 하는 건지, 부모와 선생님이 칭찬해주니까 열심히 공부하는 건지 헷갈린다. 자신과 일대일로 만나서 내가 진짜로 원하는 게 뭔지 생각하지 않으면 주변 사람이 바라는 걸 내가 바란다고 착각한다.

나의 욕망과 타인의 욕망이 구분되지 않는 상태에서 어른이 되면 문제가 생긴다. 자기 욕망을 정확히 모르면 자기가 무엇을 하고 싶고 언제 행복한지 모른다. 스스로 주체적으로 생각하지 못하고 남들이 어떻게 하는지 살피고 불안해한다. 남들이 학원에 다니니까 나도 따라 학원에 간다. 남들이 공무원 준비를 하니 나도 공무원 시험을 준비한다. 결국 내가 열심히 했던 일이 내가 원한 것이 아니라는 사실을 뒤늦게 깨닫는다.

우리는 타인의 기대를 충족시키기 위해 사는 것이 아니다. 타인 또한 우리의 기대를 만족시키기 위해 사는 게 아니다. 타인의 시선에 겁먹지 말아야 한다. 타인의 평가에 신경 쓰지 않고 타인에게 인정받으려고 하지 않아야 한다. 그래서였을까? 아들러(Alfred Adler)는 교육의 목표는 한마디로 '자립'이라고 했다. 교육은 아이들의 자립을 위한 '지원'이어야 한다고 주장했다.[25]

점심시간에 수업을 10분 정도 남기고 아이들이 내게 물었다.

"선생님, 지금 밖에 나가서 축구 해도 돼요?"

나가도 되는지, 안 되는지 정해주지 않고 이렇게 말했다.

"그런 건 너희들이 판단해봐. 자기 행동은 스스로 결정하는 거야.

25) 기시미 이치로, 고가 후미타케, 〈미움받을 용기2〉, 인플루엔셜, 42~43쪽

대신 그 결정에 책임을 져야 해."

아이들이 어떻게 하나 지켜봤다. 시간이 너무 없으니 지금은 하지 말고 방과 후에 모여서 축구를 하자고 결정했다. 다른 날은 쉬는 시간이 몇 분 남지 않았는데 축구가 너무 하고 싶다고 운동장에 나갔다. 페널티킥을 몇 번 차고 수업 시간에 맞춰 돌아왔다.

그럼 자기 욕망에 주인이 되고 자립하려면 어떻게 해야 할까? 남의 기대를 저버리더라도 자기감정에 솔직해야 한다. 논어 구절로 들어가 보자.

논어 5-24

공자가 말했다.
"누가 미생고(微生高)를 정직하다고 하는가? 어떤 사람이 식초를 얻으러 가자 자기 집에 없는데도 이를 말하지 않고 이웃집에서 빌려서 주는구나."

子曰 孰謂微生高直? 或乞醯焉, 乞諸其隣而與之.
자왈 숙위미생고직? 혹걸혜언, 걸저기린이여지.

공야장(公冶長)편 24장의 말씀은 정직에 관한 이야기다. 얼핏 보면 미생고의 행동은 아름답다. 남을 위해 자기 집에 없는 것을 다른 사람 집에서 구해와 빌려주었기 때문이다. 그러나 남의 비위를 맞춘 행동이지 옳은 행동은 아니다. 지나치게 공손하면 오히려 예의에 어긋난다. 미생고는 곧은 사람이 아니라 굽은 사람이다.

교사 미생고의 행동이 이해되나요? 그냥 식초가 없다고 하면 되잖아요. 왜 이렇게 행동했을까요?

이준 남을 도와줘서 나는 이렇게 착한 사람이라는 것을 알리려는 것 같아요.

수아 제 생각에는 그 사람에게 잘 보이려고 그런 것 같아요.

교사 그럼 식초를 얻으러 간 사람과 미생고는 어떤 관계일까요?

세빈 식초를 빌려 간 사람은 미생고보다 높은 사람 같아요. 직장 상사와 후배처럼요.

아이들에게 책에서 봤던 이야기를 들려주었다. 〈철학이 필요한 시간〉에서 저자 강신주가 한 시인과 겪었던 일이다. 저자는 시인과 카페에서 만나기로 약속했다. 한 시간, 두 시간을 기다려도 시인이 오지 않자 저자는 시인에게 전화를 건다. 시인은 무거운 목소리로 오늘은 만나고 싶지 않다고 했다.[26]

교사 저자의 마음이 어땠을까요?

지선 화가 났을 것 같아요. 약속했는데 지키지 않았잖아요. 두 시간이나 기다렸는데.

교사 시인은 어떤 이유가 있어서 약속에 나가고 싶지 않았을 거예요. 가족이 아프거나 자기가 아팠을 수도 있었겠죠. 만약 나가고 싶지 않은데 우울한 마음으로 약속에 나갔다면 어땠을까

---

26) 강신주, 〈철학이 필요한 시간〉, 사계절, 11~13쪽

요? 우울하지 않은 척하면서 기쁘게 대화를 할 수 있었을까요? 정직은 만만한 것이 아니에요. 그 사람과의 관계가 깨질 것을 감수하면서 내 마음에 솔직한 것이에요.

수아 회사에서 그렇게 솔직하게 얘기하면 잘리잖아요. 사람들은 직장 상사에게 싫다고 말하지 못해요. 사회생활을 하려면 거짓말도 해야 하는 거 아닌가요?

교사 수아의 말에 어떻게 생각하나요?

세빈 직장 상사에게 잘 보이려면 싫은 마음을 숨기고 좋은 말만 해야 할 것 같아요.

명진 정직이란 게 그냥 착하면 되는 건 줄 알았는데 지키려면 어려운 거 같아요.

정직이라는 덕목이 아이들에게 새롭게 다가왔다. 이럴 때 새로운 시각을 갖출 수 있도록 질문을 던져야 한다.

교사 그 사람과의 관계가 깨질지도 모르고, 직장에서 잘릴지도 모르는데 왜 정직해야 할까요? 정직하면 과연 무엇이 좋을까요?

세빈 나에게는 솔직할 수 있어요.

교사 맞아요. 정직하면 우리는 감정의 주인이 될 수 있어요. 싫은 마음을 숨기고 윗사람에게 맞추면 주인이 아니라 노예로 사는 거예요. 싫은 것을 싫다고 말할 수 있을 때 우리는 그만큼 주인이 될 수 있어요.

코로나19 확산으로 6학년 아이들과 수학여행을 가지 못했다. 대신 1일형 체험학습으로 에버랜드에 갔다. 에버랜드에서 어떻게 다닐지 계획하다가 아이들끼리 갈등이 생겼다.

우리 반은 여자 3명, 남자 6명이다. 여자끼리 남자끼리 다니면 되겠다고 생각했는데 사정이 간단하지 않았다. 지선이와 수아는 여자들끼리 다니면서 사진도 찍고 굿즈도 사면서 시간을 보내고 싶었다. 반면, 세빈이는 놀이 기구를 타고 싶어 했다. 에버랜드에 처음 가보는 거라 티익스프레스, 더블락스핀, 롤링엑스트레인 같은 무서운 놀이 기구를 타고 싶었다. 세빈이는 다른 두 친구의 마음을 이해했지만 무서운 놀이 기구를 타고 싶은 마음을 포기할 수 없었다. 마음을 결정할 수 없던 세빈이가 어떻게 하면 좋을지 나에게 도움을 청했다.

"어떻게 하면 좋을지 고민이 많아 힘들겠구나. 선생님은 네가 솔직했으면 좋겠다. 다른 두 친구가 너를 미워하더라도 어쩔 수 없는 일이라고 생각해. 만약 그 친구들을 위해 네가 놀이 기구를 포기하면 과연 즐겁게 시간을 보낼 수 있을까? 정직은 어렵다는 거 기억하지? 다른 사람과 관계가 깨질 것을 감수하고 내 마음에 솔직해야 한다는 걸 생각해봐."

세빈이는 놀이 기구를 타고 싶다고 지선이와 수아에게 솔직하게 말했다. 지선이와 수아도 자기들 바람대로 이루어지지 않아 속상했지만, 세빈이 마음을 너그럽게 이해해주었다.

아이에서 어른이 되는 일은 쉽지 않다. 남의 기대를 저버리더라도 자기 마음에 정직해야 한다. 자립해야 한다. 누구도 우리의 선택을 대신해주지 않는다. 마음에서 우러나오는 선택을 내리고 그 결과에 책임을 지는 사람이 어른이다.

공헌
타인의 수고를 대신하면 행복해진다

우리 반에는 '우리 반을 위한 공헌'이 있다. 아이들 각자 하나씩 역할을 맡아 실천하는 행동이다. 깔끔이는 청소기를 돌려 교실을 청소한다. 쓱싹이는 칠판을 정리한다. 파트라슈는 우유를 가지고 온다. 질병청장은 소독약을 뿌리고 열을 잰다. 선도는 선생님 도우미, 만능이는 모든 일을 다 한다. 겉으로 보기에는 1인 1역과 똑같다. 각자 역할을 나눠서 해야 할 일이 있다는 점은 같지만, 그 의미는 차원이 다르다.

1인 1역은 교실에 필요한 일을 모두가 나눠서 하는 역할에 그친다. 반면 공헌은 우리 반과 친구들을 위해 이바지한다는 의미다. '내가 다른 사람을 위해 무엇을 줄 수 있을까?'를 생각하는 일이다. 우리 반을 위해 공헌함으로써 모두에게 도움을 준다.

공헌하면 무엇이 좋을까? 행복해진다. 나와 다른 사람 모두 행복해질 수 있는 가장 쉬운 일이 공헌이다. 인간은 누군가에게 도움이 된다고 느낄 때 자신의 가치를 실감한다. 파트라슈는 급식실에서 우유를 가져와 친구들에게 나눠준다. 다른 친구들은 파트라슈 덕분에 편하게 우유를 마실 수 있어서 고마움을 느낀다. 파트라슈는 감사의 말을 듣고 친구들에게 공헌했음을 느낀다. 자기가 맡은 일을 열심히 하면서 보람을 느낀다. 우리가 남을 위해 일하면 모두 행복해진다.

가장 쉬운 타자 공헌은 일이다. 집안일도, 회사에서 하는 일도 모두 공헌이다. 우리는 노동을 통해 다른 사람에게 공헌하고 공동체에 헌신한다. 내가 맡은 일을 하면서 누군가에게 도움을 주고 자기 존재 가치를 체험한다. [27]

교사로서 우리가 할 수 있는 최고의 타자 공헌은 수업에 최선을 다하는 일이다. 한 시간, 한 시간 주어진 수업을 진지하게 준비한다. 아이들 목소리에 귀를 기울이고 곁에서 지원하고, 아이들 성장에 도움을 준다. 아이들이 자립하고 성장하는 모습을 보면 교사는 공헌감을 느끼고 행복해진다.

우리 반 칠판 한구석에는 1년 내내 지워지지 않는 글자가 있다. 아이들이 칠판을 보면서 기억하길 바라서다. 네 가지 단어는 바로 경청, 최선, 자립, 공헌이다. 우리는 타인에게 공헌한다는 목표를 진북(眞北)으로 삼아야 한다. 우리는 다른 사람에게 공헌함으로써 행복한 인간관계를 만든다. 행복한 교실? 어렵지 않다. 아이들과 함께 살아가는 교실을 행복한 공동체로 만드는 지름길은 타자 공헌에 있다.

---

27) 기시미 이치로, 고가 후미타케, 〈미움받을 용기〉, 인플루엔셜, 273쪽

초등 논어 수업

안연과 계로가 공자를 모시고 있을 때 공자가 말했다.

"각자 너희의 품은 생각을 말해보지 않겠느냐?"

자로가 말했다.

"수레와 말, 좋은 가죽옷을 친구들과 함께 쓰고 그것을 망가뜨려도 서운해하지 않기를 원합니다."

안연이 말했다.

"제 선행을 자랑하지 않고 타인을 수고롭게 하지 않기를 원합니다."

자로가 말했다.

"선생님의 뜻은 어떠한지 듣고 싶습니다."

공자가 말했다.

"노인들이 나를 편안하게 생각하고, 친구들이 나를 신뢰하고, 젊은 이들이 나를 그리워하기를 원한다."

顔淵季路侍, 子曰 盍各言爾志? 子路曰 願車馬衣輕裘, 與朋友共, 敝之而無憾.

안연계로시, 자왈 합각언이지? 자로왈 원거마의경구, 여붕우공, 폐지이무감.

顔淵曰 願無伐善, 無施勞. 子路曰 願聞子之志. 子曰 老者安之, 朋友信之, 少者懷之.

안연왈 원무벌선, 무시로. 자로왈 원문자지지. 자왈 노자안지, 붕우신지, 소자회지.

공야장편 26장에서는 제자 안연과 자로 그리고 스승 공자의 포부를 들을 수 있다. 세 사람의 공통점은 자신을 억제하고 남을 배려한다는 점이다. 중국 송나라 학자 정이천은 어짊의 개념에 주안점을 두고서 이렇게 풀이한다. "공자는 어짊을 편안하게 행하는 것이요, 안연은 어짊을 떠나지 않는 것이요, 자로는 어짊을 노력해 구하는 것이다." 아이들과 세 가지 말을 나누어 살펴보았다.

교사 그동안 배웠던 인(仁)과 연결해서 자로의 말을 평가해볼까요?

이준 나보다 다른 사람을 먼저 생각하는 것이 인이잖아요. 자로는 내가 가진 귀한 것을 다른 사람과 함께 쓰는 넓은 마음을 가졌어요.

교사 가진 것이 없더라도 다른 사람을 위해 할 수 있는 게 있잖아요. 자로의 말을 어떻게 바꾸면 좋을까요?

세빈 다른 사람에게 선행을 베풀 수 있어요. 이 선행을 남들이 알아주지 않더라도 서운해하지 않기를 바라요.

교사 안연의 타인을 수고롭게 하지 않겠다는 말은 어떤 의미인가요?

세빈 어려운 일이 있을 때는 먼저 나서서 그 일을 처리한다는 말이에요.

교사 어려운 일을 먼저 실천해서 타인을 수고롭게 하지 않는 예를 교실 속에서 찾아볼래요?

이준 우리 반을 위한 공헌을 실천하면 다른 친구들이 편안해져요. 우유를 갖다주는 일도, 청소기를 돌리는 일도 수고로운 일이지만 다른 사람을 위해 실천해요.

초등 논어 수업

아이들의 얘기를 들으니 전날 집에서 있었던 일이 생각나 이야기를 들려주었다.

"여러분의 이야기를 들으니 선생님이 하나 반성할 게 생각이 났어요. 어제 집에서 설거지하면서 이런 생각이 들었거든요. '내가 아이 밥도 먹이고 설거지도 하는데 아내는 고맙다는 말을 안 하네?' 이런 생각을 한 것 자체가 부끄럽네요. 내가 한 선행을 자랑하지 말아야 하는데, 저는 고작 설거지한다고 아내한테 고맙다는 말을 바랐어요. 아내가 설거지하게 두는 대신 내가 나서서 그 수고로움을 대신하겠다고 생각해야 해요. 사랑하는 사람을 위해서 내가 대신 수고로워지는 것, 그게 진짜 사랑인 것 같아요."

이야기를 나누고 아이들이 깨달은 점과 적용할 점을 적었다.

수아 남들이 힘들어하는 일을 내가 대신 하겠다.

우현 내가 한 선행을 자랑하지 않고 타인의 수고를 대신하겠다.

태균 우리 반을 위한 공헌을 열심히 해서 다른 사람을 편안하게 하겠다.

논어는
어떤 변화를
가져다줄까?

논어를 만나면 아이들이 변하고, 아이들 삶에 새로운 가능성이 열린다. 논어를 통해 세상과 삶을 새롭게 바라보는 눈을 갖게 된다. 인생과 우주에 대한 원대한 비전을 탐구하는 고전을 읽다 보면 삶을 통찰하는 힘이 생긴다. 나의 일상과 세계를 하나의 서사로 엮을 수 있는 통찰력이 생기면 삶으로부터 소외되지 않는 자율적인 존재가 된다. 아이들 삶이 바뀐다. 그 구체적인 이야기를 살펴보자.

1. 의로움
2. 주도
3. 이립
4. 언행
5. 신뢰
6. 습관
7. 성공

의로움

군자는 의로움에 밝고 소인은 이익에 밝다

우리 학교에서는 학생 동아리 활동을 한다. 6학년이 동아리를 개설하면 3~5학년이 원하는 동아리를 선택해서 모인다. 1, 2학년은 빼고 진행했다. 2021년에는 신문, 캠핑, 보드게임, 체육, 영화 동아리가 꾸려졌다. 그러다가 전교 회의인 다모임 시간에 2학년 아이가 말했다.

"1, 2학년도 동아리 활동을 같이 하고 싶어."

동아리에 참가하지 못하는 1, 2학년도 함께 했으면 좋겠다는 이야기다. 형, 누나들이 하는 동아리 활동이 부럽다고 했다. 다모임 시간에 매년 나오던 안건인데 그때마다 사회를 맡았던 6학년들이 안 된다고 말했다.

"1, 2학년이 함께 하면 동아리가 재미 없어진다."

"낚시 동아리를 운영하는데 1, 2학년이 가면 위험하다."

고학년도 1, 2학년 때 동아리 활동을 못 했다. '나도 못 했으니 너희도 안 돼.'라는 마음을 가졌다. 이번 다모임에도 마찬가지일 거라고 생각했다. 하지만 예상은 보기 좋게 빗나갔다. 다모임도 1, 2학년이 함께 하듯이 동아리도 함께 할 수 있다고 의견이 모였다. 그러자 질문이 나왔다.

"지금 하는 동아리 활동에 1, 2학년이 함께 들어오나요? 아니면 내년부터 함께 하나요?"

곳곳에서 3, 4, 5학년 아이들이 "내년부터!"라고 소리를 질렀다. 역시나 속마음은 '너희도 안 돼.'였다. 전체 사회를 맡은 우리 반 세빈이가 차분하게 이야기했다.

"2학년이 안건을 낸 것은 지금 당장 동아리를 하고 싶기 때문이에요. 내년부터 하는 것은 의미가 없습니다. 1, 2학년이 함께 동아리를 하는 것은 바로 시작되어야 합니다."

두 걸음을 더 나아갔다. 1, 2학년도 함께 동아리 활동을 할 수 있다는 한 걸음과 지금 하는 동아리에 바로 들어올 수 있다는 한 걸음. 기존의 굴레에서 벗어나 길을 새롭게 열었다. 삶의 새로운 가능성을 탐색하고 주어진 문턱을 넘었다.

멋진 일을 해낸 우리 반 아이들이 고마웠다. 아이들에게 감동받았다고 이야기했다. 아이들은 별일 아니라는 듯 당연한 일이라고 말했다. 이준이에게 어떻게 그런 생각을 했냐고 물으니 논어 구절을 말한다.

"군자는 의로움에 밝다고 했잖아요. 1, 2학년도 동아리를 같이 하는 게 의로운 일이라고 생각했어요."

논어 4-16

공자가 말했다.

"군자는 의에 밝고, 소인은 이익에 밝다."

子曰 君子喩於義, 小人喩於利.
자왈 군자유어의, 소인유어리.

한자 유(喩)의 뜻풀이에 따라 의미가 달라진다. 먼저 유(喩)를 깨닫다 혹은 깨우치다로 보는 경우 다음과 같이 해석할 수 있다. 의로움을 잘 아는 군자(君子)는 의로움과 관련된 큰 문제를 고민하고, 이익을 잘 아는 소인(小人)은 이익을 얻는 방법을 고민한다. 교차해 풀이하면 군자는 소인이 중시하는 이(利)가 하찮아 보이고, 반대로 소인은 군자가 중시하는 의(義)가 쓸데없는 짓으로 보인다는 뜻이다.

부수가 입구(口)인 한자 유(喩)를 말과 관련지어 해석할 수도 있다. 어떤 일을 말할 때 군자는 의로움을 기준으로 설명하고, 소인은 이익을 기준으로 말한다. 창업을 예로 들어보자. 소인(小人)의 창업 마인드는 돈을 벌기 위한 것이다. 자기 이상을 실현하기 위한 정신적인 가치는 없다. 반면 군자(君子)다운 사람이라면 창업할 때 자신의 이상이나 사회적 가치를 생각한다. 사회에 미칠 긍정적인 영향과 변화를 내다보며 일한다.

군자는 의로움에 밝고 소인은 이익에 밝다. 상반되는 가치관이다. 어떤 쪽을 선택하느냐에 따라 우리는 자기 자신을 평가할 수 있다. 의로움과 이익 중에 어떤 것을 중요시하느냐에 따라 군자나 소인에 가까운 사람이 된다. 이에 대한 자기 성찰이 필요하다. 평소 자신을 되돌아보면서 내가 의로움과 이익 중에서 어느 쪽을 더 중요하게 생각하는지 따져보자.

교사 오늘의 말씀은 무슨 말인가요?

태균 군자는 남을 먼저 생각하지만, 소인은 자신의 이익을 생각한다는 이야기예요.

수아 모든 사람은 이기적이지 않나요? 군자도 이기적일 때가 있지 않을까요?

교사 수아의 말에 대해 어떻게 생각하나요?

명진 엄마가 초콜릿을 30개 사왔다고 가정을 해볼게요. 형하고 저는 초콜릿을 더 많이 먹기 위해서 싸움이 일어나요. 세상의 모든 전쟁도 마찬가지로 자기 탐욕 때문에 일어나는 게 아닐까요?

이준 뉴스에서 불우이웃 돕기를 한 사람 이야기를 봤어요. 이기적인 사람도 있고 이타적인 사람도 있는 거예요.

세빈 아니에요. 상황에 따라 달라요. 저는 동생과 싸울 때도 있고 동생을 도와줄 때도 있어요. 사람은 이기적일 때도 있고, 이타적일 때도 있는 것 같아요.

교사 이익을 좇는 소인이 의로움을 좇는 군자가 되려면 어떻게 해야 할까요?

동준 자신을 다스릴 줄 알아야 해요.

교사 멋진 말이네요. 조금 더 설명해줄래요?

초등 논어 수업

동준 군자도 이기적인 부분이 있을 거예요. 하지만 그런 마음을 다 스려서 이타적으로 행동하는 거예요. 이타적으로 행동하는 결심이 필요해요.

태균 다른 사람을 좋아하면 사랑의 힘으로 이타적인 행동을 할 수 있어요. 내가 좋아하는 사람에게는 잘해주는 것처럼 말이에요.

아이들의 말 덕분에 내가 배웠다. 소인이 군자가 되려면 자기만을 생각하는 이기적인 마음을 내려놓아야 한다. 이타적인 마음이 필요하다. 사람이라면 누구나 어떤 순간에는 이기적이고, 또 다른 순간에는 이타적이다. 자기보다 타인을 생각하는 순간이 더 많아지려면 자기 마음을 다스리는 용기가 필요하다. 이 마음 다스리기를 쉽게 할 수 있는 방법이 있다. 바로 '타인에 대한 사랑'이다. 이 사실을 아이들의 이야기를 통해 배웠다. 1, 2학년 동생들이 동아리 활동을 할 수 있도록 이끌어준 일도 동생들을 사랑하는 아이들의 마음에서 비롯되지 않았을까?

논어를 읽으면 근기(根器)가 튼실해진다. 근기란 그 사람에게서 느껴지는 '에너지 분포도'를 말한다. 그릇이라고도 하고, 카리스마라고도 한다.[28] 평소에 접하지 못한 낯설고 이질적인 고전을 마주하며 아이들은 질문을 던진다. 세상을 바라보는 안목이 넓어진다. 세상과 자기 일상을 엮는 통찰력이 생긴다. 이러한 힘으로 전에 없던 새로운 가치를 만들고 삶을 재창조한다. 1, 2학년도 동아리를 함께 하도록 새로운 길을 만들듯이 말이다. 논어를 읽으면 기적이 일어난다.

---

28) 고미숙, 〈공부의 달인, 호모쿵푸스〉, 그린비, 108쪽

2 주도

주도적인 사람은 상황을 긍정적으로 만든다

운전하다가 뒤에서 경적이 울렸다. '내 길 따라 잘 가고 있는데 뭐지?' 다행히 나를 향한 소리가 아니었다. 경적을 유발한 차와 낸 차가 앞질러 가더니 신호등 앞에 나란히 섰다. 창문이 내려간 뒤 고성이 오간다. 한 차가 가던 길에서 벗어나 우회전으로 빠진다. 다른 차도 경적을 울리고 하이빔을 쏘면서 따라갔다.

다음날 아이들에게 이 이야기를 들려줬다.

"여러분이 운전하는데 갑자기 다른 차가 끼어들면 어떻게 할 생각인가요?"

욕은 기본이고 경적을 울리며 하이빔을 쏠 거라고 한다. 어떤 아이는 그 차 앞으로 끼어들어 보복 운전을 하겠단다. 다르게 행동할 사람을 물었는데 아무도 없었다.

아이들에게 다른 이야기를 해주었다.

초등 논어 수업

"지하철에서 조용히 가고 있는데 아빠와 아이 둘이 탔어요. 아이 둘이 떠들며 이곳저곳을 뛰어다니는 바람에 조용하던 실내가 요란스러워졌어요. 그런데도 아빠는 가만히 앉아있고요. 여러분은 이 상황에서 어떻게 행동할 건가요?"

아이들은 아빠한테 가서 애들을 조용히 시켜달라고 말하겠다고 한다.

"애들을 조용히 시켜달라고 말했더니 아빠가 이렇게 얘기해요. '죄송합니다. 지금 막 병원에서 오는 길인데 한 시간 전에 아이들 엄마가 죽었습니다. 저는 앞이 캄캄해서 무엇을 어떻게 해야 할지 모르겠습니다.' 여러분은 이런 상황이라면 어떻게 행동할 건가요?"[29]

아이들은 그 아빠를 어떻게 위로해야 할지 모르겠다고 말했다. 사정을 몰랐을 때는 화가 났는데 아빠의 형편을 알고 나서는 미안해진다고 했다. 같은 상황인데 우리의 반응이 달라진다. 자극과 반응 사이에는 선택할 수 있는 자유가 있다. 감정도 마찬가지다. 감정 자판기가 있다고 상상해보자. 어떤 사건이 발생했을 때 우리는 부정적인 감정을 선택할 수도 있고, 긍정적인 감정을 선택할 수도 있다.

다른 차가 갑자기 끼어든 상황으로 돌아가보자. 갑자기 차가 끼어들어 화가 나고 짜증이 났다. 화는 누가 만들었을까? 끼어든 차가 아니다. 내 마음이 화를 선택한다. 달을 보고 어떤 사람은 슬픈 생각이 들지만, 누군가는 행복한 마음이 든다. 슬픔과 행복은 달이 만들지 않는다. 내 마음이 감정을 선택한다. 차가 갑자기 끼어들었을 때 화가 난다면

---

29) 스티븐 코비, 〈성공하는 사람들의 7가지 습관〉, 김영사, 40~41쪽

내가 그런 반응을 선택한 것이다. 다르게 생각할 수도 있다. '운전이 미숙하네. 뭔가 급한 사정이 있겠지. 나는 저러면 안 되겠다.' 상황을 다르게 해석하면 자극에 대한 반응도 다르게 선택할 수 있다.

일체유심조라는 말이 있다. 모든 것은 오직 마음이 지어낸다는 뜻이다. 월요일만 되면 아이들이 교실에 오자마자 한숨을 내쉰다. 주말을 쉬고 학교에 오면 공부할 생각에 힘이 빠진다. 게다가 월요일에는 수학이 들었다. 아이들은 시간표를 보자마자 짜증을 낸다. 사실, 수학은 죄가 없다. 수학이 나를 힘들게 하는 것이 아니라 내 마음이 힘들게 하는 것이다. 힘들고 짜증난다고 생각할수록 신경질은 더 거칠어진다.

이럴 때는 자신이 통제할 수 있는 부분과 통제할 수 없는 부분을 나눠서 생각해야 한다. 내가 통제할 수 없는 부분에 신경 쓰지 않는다. 일요일이 지나 월요일이 된 사실은 내가 통제할 수 없다. 수학이 월요일에 든 사실도 마찬가지다. 월요일에 수학이 든 것을 화요일로 옮기더라도 일주일에 수학을 네 시간 배워야 하는 건 똑같다. 자기가 통제할 수 없는 부분에 신경 쓰면 외부의 것이 나를 통제하게 된다. 자신이 변화되기 전에 외적인 것이 변화되어야 한다는 오류에 빠지게 된다. 월요일과 수학이 아이들 감정을 통제하는 것처럼 말이다.

내가 통제할 수 있는 부분에 집중해야 한다. 어떻게 월요일을 보낼지는 선택할 수 있다. 월요일이 되어 주말 동안 못 봤던 친구들을 만날수 있어 좋다고 생각한다. 쉬는 시간에 친구들과 무엇을 하며 즐겁게 보낼지 그려본다. 그러면 월요일이 행복해질 수 있다. 어떤 마음으로 수학 시간에 임할지도 결정할 수 있다. 수학은 짜증나고 힘든 일이라고 생각하면 정말로 그렇게 된다. '어렵지만 선생님과 친구들의 도움으로 새로운 걸 배워봐야지.'라고 생각하면 수학도 즐거워진다.

내가 통제할 수 있는 부분을 영향력의 원이라고 한다. 주도적인 사람은 자기 노력을 영향력의 원에 집중한다. 자신이 영향력을 행사할 수 있는 일을 중요하게 여기고 영향력의 원을 넓히려고 노력한다.

반면 수동적인 사람은 관심을 영향력의 원 밖에 둔다. 다른 사람, 환경, 자신이 통제하지 못하는 여건에 집중한다. 내가 이렇게 된 이유는 부모, 친구, 세상 때문이라고 생각한다. 내가 통제할 수 없는 부분에 관심을 집중하면 상대방을 비난하고 책망하게 된다. 몸 전체에 부정적 에너지가 나타난다. 영향력의 원 안에 있는 것에 무관심해지므로 영향력의 원이 작아진다. [30)]

교사의 말을 전혀 듣지 않는 문제아가 우리 반에 있다고 가정하자. 문제아가 우리 반이 된 외부적 상황을 탓해봐야 소용이 없다. 진정으로 상황이 개선되기를 원한다면 통제할 수 있는 자기 자신에게 초점을 맞춰야 한다. 문제 학생을 나에게 맞게 개조하려는 시도를 멈춘다. 조건 없는 사랑을 주는 선생님이 되기 위해 노력한다. 학생도 내가 하는 주도적인 행동에 영향을 받아 긍정적으로 반응할지 모른다. 학생이 반응하든 그렇지 않든, 내가 할 수 있는 일에 집중하고 노력한다.

우리가 할 수 있는 가장 주도적인 몸가짐은 행복하다고 느끼는 일이다. 우리는 주도적으로 행복을 선택할 수 있다. 우리는 우리 자신을 첫 번째로 설계하는 창조자이다.

---

30) 스티븐 코비, 〈성공하는 사람들의 7가지 습관〉, 김영사, 110~113쪽

정공이 물었다.

"임금이 신하를 부리고 신하가 임금을 섬기는 일은 어떻게 해야 합니까?"

공자가 대답했다.

"임금이 신하를 예를 맞게 부리면 신하는 진정을 다하여 임금을 섬깁니다."

定公問 君使臣, 臣事君, 如之何? 孔子對曰 君使臣以禮, 臣事君以忠.

정공문 군사신, 신사군, 여지하? 공자대왈 군사신이예, 신사군이충.

팔일(八佾)편 19장 논어 말씀은 임금이 신하를 부리는 방법과 신하가 임금을 섬기는 방법에 관한 이야기다. 정공(定公)은 공자의 고국인 노나라의 임금이다. 공자를 중용했던 유일한 군주였다. 정공이 임금과 신하의 바람직한 관계를 묻는다.

정공이 이런 질문을 던진 데는 이유가 있다. 정공에게는 형 소공(昭公)이란 왕이 있었는데 신하 계환자가 소공을 축출했다. 정공은 소공의 뒤를 계승하여 임금이 되었기 때문에 군신 관계에 대해 질문했다.

공자는 임금은 신하를 예(禮)로써 부리고 신하는 임금을 충(忠)으로써 섬겨야 한다고 말한다. 군주는 신하가 자신에게 충성하지 않을 것을 걱정하지 말고 자신의 예가 지극하지 못할 것을 걱정해야 한다. 신하는 군주가 예가 없을 것을 걱정하지 말고 자신의 충성이 부족할 것을 걱정해야 한다.

> 교사 임금이 신하보다 높은 사람인데 강제로 나에게 충성하라고 하
> 면 되지 않나요?
> 지선 그러면 신하는 마음을 다해 충성하지 않아요.
> 교사 여러분은 후배들이 먼저 잘해야 한다고 생각하죠? 후배가 선
> 배를 섬기는 일은 어떻게 해야 가능할까요?
> 세빈 논어 구절대로라면 선배가 먼저 후배에게 예를 다해야 하네요.
> 수아 그래도 선배랑 후배랑 만나면 후배가 먼저 인사해야 하는 거
> 아닌가요? 저희도 어렸을 때는 선배들한테 먼저 인사했거든요.
> 교사 수아의 말에 어떻게 생각하나요?
> 이준 후배가 먼저 인사해야 하는 법은 없어요. 그냥 제가 먼저 동생
> 들에게 인사할래요. 그러면 동생들도 인사할 거예요.
> 수아 우리가 먼저 인사했는데 동생들이 제대로 인사하지 않으면 어
> 떡해요?
> 세빈 혹시 그런 동생이 있을 수도 있을 거예요. 하지만 동생들이 우
> 리를 섬기지 않을까 걱정하지 말고 우리가 예(禮)를 지키지 못
> 할까를 걱정해야 해요.

학이(學而)편 16장에서 공부했던 내용을 응용해 답했다. "나는 남이
나를 알아주지 않는 것을 걱정하지 않고, 내가 남을 몰라줄까 걱정한
다." 멋진 대답에 감탄했다. 앞서 배웠던 것을 잘 기억하고 있다는 사실
을 칭찬하고 질문했다.

교사 그럼 우리는 구체적으로 무엇을 걱정해야 할까요?

세빈 동생들이 예(禮)가 없을까를 걱정하지 말고, 우리가 동생들에게 친절하게 다가갈 수 있을지를 걱정해야 해요.

이준 후배들에게 대접받을 생각하지 말고, 우리가 줄 수 있는 것을 먼저 주지 못할 것을 걱정해요.

'뿌린 대로 거둔다.'라는 말이 있다. 우리는 농사를 지을 때 수확을 걱정해야 할까? 아니면 수확을 위해 충분히 노력했는지를 걱정해야 할까? 수확을 걱정하는 건 아무런 쓸모가 없다. 우리의 통제권을 벗어나는 일이기 때문이다. 우리가 할 수 있는 일은 수확을 위해 노력하는 일뿐이다. 수확은 경작을 얼마나 잘했느냐에 따라 결정된다. 그러니 씨앗을 얼마나 적정 시기에 뿌렸는지, 농사에 얼마만큼 힘을 쏟았는지를 걱정하면 그만이다.

내가 할 수 없는 일에 연연해하지 않는다. 여름에 날씨가 너무 덥다고 태양을 탓하는 일은 어리석다. 대신 상황을 긍정적으로 해석한다. '날씨가 더우니 수박이 더 달겠군.' 주도적인 사람은 내가 할 수 있는 일과 내가 할 수 없는 일을 구분하고 내가 할 수 있는 일에 집중한다. 그것이 현재 상황에 영향을 줄 수 있는 가장 긍정적인 방법이다.

이립

자기 정체성을 세운 사람은 흔들리지 않는다

하우석 작가의 〈내 인생 5년 후〉라는 책을 읽었다. 가슴이 떨렸다. 앞으로 남은 인생은 질적으로 새로운 삶을 살고 싶어졌다. 남들에게 휘둘리지 않고 자기 뜻대로 살아야겠다고 생각했다. 이런 삶을 위해서는 꿈과 상상을 동원해 나만의 비전을 세워야 한다. 우리는 비전을 통해 인생을 혁신할 수 있다.

책에는 비전을 세우기 위한 구체적이고 친절한 방법이 적혀있다.[31] 다음의 여덟 가지 질문에 답하는 것이다. 여러분도 스스로 답해보길 바란다.

1. 당신이 정의하는 성공이란 무엇인가?

---

31) 하우석, 〈내 인생 5년 후〉, 다온북스, 150~160쪽

2. 당신은 실제로 어디에서 살고 싶은가?

3. 당신에게 의미 있는 삶이란 어떤 것인가?

4. 당신은 왜 하필이면 그런 삶을 선택하려 하는가?

5. 의미 있는 삶을 사는 데 장애물은 없는가?

6. 당신이 원하는 삶에 대해 잘 알고 있는가?

7. 당신이 원하는 삶을 이미 살고 있는 사람은 있는가? 그들은 누구인가? 당신은 그들과 얼마나 자주 교류하고 있는가?

8. 원하는 삶을 살고 있는 자기 모습을 얼마나 구체적으로 묘사해 낼 수 있는가?

나도 질문에 답을 해보았다.

1. 성공은 내가 하고 싶은 일을 자유롭게 하는 것이다. 이를 위해 재능과 학식, 능력과 힘을 축적하는 일이다.

2. 강릉에서 살고 싶다. 자연과 벗하는 삶을 꿈꾼다.

3. 자리이타. 나 스스로 주인이 되고 다른 사람도 주인이 되도록 돕는 삶. 학생들도 자기 인생에 주인이 되도록 돕는다.

4. 한 번 사는 인생을 진짜 주인으로 살고 싶다.

5. 재능과 학식을 쌓기 위한 공부가 필요하다.

6. 평생 배우는 삶을 살고 싶다. 배움으로 내 존재 가능성을 높이는 사람이 된다. 인생을 더욱 풍부하게 살고 싶다.

7. 자기 경영 노트 선생님들.

8. 매일 아침 일어나 1명에게 명리 상담을 한다. 리더가 되어서 100명에게 자립할 수 있는 도움을 준다. 〈하버드 비즈니스 리

뷰〉를 편하게 읽어서 전 세계와 소통한다. 하루에 2페이지씩 글을 쓴다.

이 질문에 답을 하면서 두 가지 정체성을 생각해볼 수 있었다.
1. 논어 명리를 통한 인생 상담 코치.
2. 교실 속 아이들과 전 세계 사람들에게 자기 삶을 주인으로 살도록 돕는다.

이렇게 목표와 정체성을 세우니 앞으로 내가 해야 할 것들이 보인다. 심리학 공부, 상담 공부, 논어 공부, 명리학 공부, 영어 공부, 성장형 마인드 셋 공부, 그리고 글쓰기.

이렇게 뚜렷한 정체성과 비전을 세우면 세 가지 좋은 점이 있다.

첫째, 내 인생의 운전대를 내가 쥔다. 비전이 있으면 내가 살고 싶은 방향이 생긴다. 그 방향으로 주도적으로 전진할 수 있다. 자기 삶을 주체적으로, 주도적으로 살게 된다. 비전과 정체성이 없으면 주도권이 다른 것에 넘어간다. 주도권을 내가 아닌 다른 것에 뺏기면 흘러가는 인생을 살게 된다.

둘째, 남들의 말에 휘둘리지 않고 불안하지 않다. 교사로 근무하고 있는 동창들을 만나면 승진에 관해 이야기를 나눈다. 승진 점수를 관리하면서 남들을 의식하고 불안해하는 모습을 보인다. 정체성이 정해지면 자기 성장이 목표가 된다. 다른 사람과 경쟁할 필요가 없으므로 주변 사람이 어떻게 하는지 신경 쓰지 않아도 된다.

셋째, 하루를 낭비하지 않는다. 정체성과 비전이 정해지면 해야 할 일들이 눈에 보인다. 공부할 시간이 필요하다. 시간을 낭비하지 않기 위해 불필요한 모임을 끊는다. 멍하게 흘려보내는 시간을 자기 성장을 위해 쓴다. 짧은 시간을 몰입한다. 내가 원하는 삶의 모습이 정해진 사람은 정해진 곳에 에너지를 바친다. 시간과 에너지를 낭비하지 않는다.

확고한 자기 정체성을 지닌 사람은 낯선 여행지에서 진실한 가이드를 곁에 두고 있는 것과 같다.[32] 정체성과 비전이 확고하다고 모두가 다 성공하지는 않는다. 다만, 정체성과 비전이 있는 사람은 삶이라는 여행지에서 남보다 풍성하게 여행을 즐길 수 있다.

논어 2-4

공자가 말했다.

"나는 15세에 배움에 뜻을 두었고, 30세에는 어떻게 살고자 하는 뜻을 세웠고, 40세에는 미혹스러운 일에 흔들리지 않았고, 50세에는 천명(天命)을 알았고, 60세에는 어떤 말을 들어도 의문점이 없었으며, 70세에는 마음이 내키는 대로 행동해도 법도를 넘지 않았다."

子曰 十有五以志于學, 三十而立, 四十而不惑,
자왈 십유오이지우학, 삼십이립, 사십이불혹,
五十以知天命, 六十以耳順, 七十以從心所欲 不踰矩.
오십이지천명, 육십이이순, 칩십이종심소욕 불유구.

---

32) 하우석, 〈내 인생 5년 후〉, 다온북스, 171쪽

교사 오늘 이야기는 아침 편지와 연결이 됩니다. 여러분이 어떤 분
       야를 배우고 싶은지 이야기해볼까요?

대연 저는 요리를 배우고 싶어요. 제 요리를 다른 사람이 맛있게 먹
       어주면 기뻐요.

지유 저는 과학과 미술이요. 나중에 커서 과학자나 화가가 되고 싶
       어요.

예린 미용사가 되고 싶어요. 엄마랑 아빠도 제가 손재주가 좋다고
       하셨어요.

교사 여러분의 꿈을 응원해요. 이렇게 어떤 공부를 하고 싶은지 결
       정하는 일이 지우학(志于學)이에요. 배움에 뜻을 두었으면 이립
       (而立) 해야 해요. 30세에는 뜻을 세웠다는 말은 무슨 의미일까
       요?

재은 어떻게 살고 싶은지 결정했다는 뜻 아닌가요?

교사 예를 들어볼게요. BTS는 가수가 되고 싶어 열심히 춤과 노래,
       작곡을 연습했어요. 그러다가 '다른 사람에게 꿈과 희망을 주
       는 노래를 만들고 싶어.'라고 생각했지요. 이것이 이립이에요.
       어려운 말로 정체성이라고 해요. 여러분의 꿈을 이립으로 설
       명해볼래요?

대연 맛있는 요리를 만들어서 희망을 주는 요리사가 되고 싶어요.

예린 사람들의 머리를 멋지게 만들어 자신감을 주는 미용사가 될
       거예요.

교사 불혹은 어떤 일에 홀리지 않고 정신이 흔들리지 않는 상태를
       말해요. 자기 뜻과 정체성이 명확한 사람은 다른 이야기에 흔

들리지 않아요. 누군가가 BTS에게 부동산 투기를 해서 돈을 많이 벌자고 이야기해요. BTS가 이 말에 혹할까요? 정체성이 분명한 사람은 유혹에 흔들리지 않아요.

이야기를 모두 마치고 아이들이 어떤 가치를 전하는 사람이 되고 싶은지 적었다.

지유 나는 미술을 열심히 공부해서 멋진 화가가 되고 싶다.
현우 나는 피아노를 쳐서 사람들에게 감동을 전하는 사람이 되겠다.
재은 나는 동물 수의사가 돼서 불쌍한 아이들을 치료해줄 것이다.

2022. 4. 11   2-4

공자가 말했다. 나는 15세에 배움에 뜻을 두었고
30세에는 이룬것이 있고 40세에는 미혹스러운 일에
흔들리지 않았고 50세에는 천명을 알았고 60세에는
어떤말을 들으면 그 속의 은미한 뜻을 알았고 70세에는
마음이 내키는 대로 행동해도 법도를 넘지않았다.
ㄴ 나는 동물 수의사가 되서 불쌍한 아이들 치료해줄것이다.

초등 논어 수업

언행

말은 신중하게 행동은 민첩하게 한다

매일 밤 아내에게 물 한 잔을 떠준다. 평소에 아내가 물을 잘 먹지 않는다. 물을 많이 먹으라고 잔소리를 하다가 그만 평생 물을 책임지 겠다고 말했다. 매일 밤 침대에 자려고 누우면 아내는 물을 요구한다. 군말 없이 떠다 준다. 말을 신중하게 해야 하는 이유다.

처음에는 실랑이를 계속했다. 왜 하필 자려고 누웠는데 물을 떠달 라고 하느냐. 내가 언제 평생이라고 했냐. 물은 원래 셀프다. 내가 맡 은 짐을 떠넘기려고 했다. 그래도 어쩌나. 뱉은 말은 책임을 져야 한 다. 자려고 누웠어도 물을 뜨러 일어난다. 아예 침대로 가기 전에 물을 떠서 아내에게 준다. 아내와의 이야기를 꺼낸 이유는 말을 신중하게 해야 한다는 걸 얘기하려는 게 아니다. 맡은 일을 민첩하게 행동해야 한다는 사실을 강조하려는 것이다.

우리 모두 결심한다. 내일부터는 술도 마시지 않고 담배도 끊겠다고 호언장담한다. 내일부터는 운동도 하고 열심히 공부하겠다고 결의를 다진다. 하지만 말하는 대로 지키는 사람은 많지 않다. 말과 실행 사이의 거리를 좁히는 일은 우리의 영원한 숙제다.

〈말하는 대로〉라는 노래가 있다. 유재석의 자전적 이야기가 가사로 담겨있다. 유재석 역시 말하는 대로 생각한 대로 이루어진다는 걸 믿지 않았다. 하지만 '사실은 한 번도 미친 듯 그렇게 달려든 적이 없었다는 것을' 깨달았다. 노래는 말과 실행 사이의 거리를 좁히는 방법을 알려준다. 미친 듯 달려들어 행동하라!

말과 행동 사이에 거리가 생길 수밖에 없는 이유가 있다. 말은 하기 쉽고 시간도 얼마 걸리지 않지만, 행동은 어렵고 절대적인 시간이 필요하다. 내일부터 담배를 끊고 운동하겠다는 말은 3초면 된다. 행동은 훨씬 긴 시간이 필요하다. 행동은 말을 앞설 수 없다.

말과 행동을 좁히려면 말을 신중하게 해야 한다. 하지만 말을 아끼는 것이 바람직한 방향은 아니다. 말을 아끼면 현재 부정적인 모습을 유지하게 된다. 담배를 계속 피우고 운동을 하지 않겠다는 선언과 같다. 바람직한 모습은 결심한 대로 행동하는 것이다.

사람들은 어떤 일을 하고 싶을 때 다른 사람들에게 그 일이 얼마나 어려운지 설명한다. 그 일이 실패했을 때 못난 사람이 되지 않으려고 한다. 주변에서 왜 아직 안 하고 있냐고 물으면 화를 낸다.

"너는 담배 끊는 게 얼마나 어려운지 몰라서 그러는 거야!"

담배를 끊는 사람은 독한 사람이라 상종하면 안 된다는 말을 핑계 삼는다. 자기가 자기한테 설득된다. 그 일은 너무 어려운 일이기 때문에 안 해도 되는 일, 어차피 못하는 일이 된다. 다들 실패하는 일이기 때문에 시도조차 하지 않고 끝나버린다. 어떤 일을 하는 가장 확실한 방법은 그냥 그 일을 하는 것이다.

행동할 때는 그냥 무식하게 해서는 안 된다. 똑똑하게 머리를 써야 한다. 전통적인 경영에서는 치밀한 시장조사를 거쳐 완성도 높은 제품을 개발했다. 반면 요즘 IT 신생기업들은 빠른 피드백을 통해 제품을 출시하고 성과를 측정한다. 이렇게 일하는 방식을 '린 경영'이라고 한다. 어떤 일을 100% 완벽하게 처리하려면 시간이 한도 끝도 없다. 혼자 일을 싸매고 밤새워서 완성품을 만들 생각은 하지 않는 것이 좋다. 100중에 70 정도의 결과물을 빠르게 완성하고 이것을 다른 사람에게 공개해 피드백 받는다. 피드백을 빠르게 개선해 나머지 30%를 채운다. 린 경영은 이렇게 일한다.

관련된 사례가 있다. 교사가 학생을 두 조로 나누어 사진 촬영하는 방법을 가르쳐주었다. 첫 번째 조 학생들한테는 사진을 많이 찍은 사람에게 점수를 주겠다고 말하고, 두 번째 조 학생들한테는 가장 수준 높은 사진을 찍은 사람에게 점수를 주겠다고 말했다.

첫 번째 조 학생들은 매일 많은 사진을 찍었다. 두 번째 조 학생들은 사진 이론을 공부하고 촬영 기술을 분석하느라 사진 찍는데 시간을 많이 쓰지 않았다. 어느 조의 학생들이 더 수준 높은 사진을 찍었을까? 학생들의 사진들을 평가한 결과, 잘 찍은 사진들은 대부분 첫 번째 조에서 나왔다. 이유가 뭘까? 이론 공부보다는 사진을 실제로 찍어보는 경험이 실력을 향상하기 때문이다. [33]

---

33) 판덩, 〈나를 살리는 논어 한마디〉, 미디어숲, 121~122쪽

탁상공론을 하는 것보다 일어나 움직이는 게 낫다. 종일 앉아서 토론하면 이론이 발전하고 관점도 풍부해지지만 직접 실행하는 것보다는 못하다. 직접 행동해야 피드백도 빨리 받을 수 있다. 시행착오를 반복하면 실력도 자연스럽게 발전한다.

논어 4-24

공자가 말했다.
"군자는 말을 굼뜨게 하고, 행동은 민첩하게 한다."

子曰 君子欲訥於言, 而敏於行.
자왈 군자욕눌어언, 이민어행.

오늘의 말씀은 이인(里仁)편 23장 검약과 바로 이어진다. 신중하게 말을 하는 방법을 두 가지로 정리했다. 다시 한번 떠올려보자.

1. 내가 하는 말에 내가 부끄럽지 않은지 살피고 이야기한다.
2. 상대의 기분을 살피고 상대에게 도움이 되도록 이야기한다.

교사 오늘의 말씀에는 행동은 민첩하게 해야 한다는 이야기가 추가되었어요. 왜 행동을 민첩하게 해야 할까요?
한울 말한 것을 하지 않으면 계속 미루게 돼요. 말만 번지르르한 것보다 행동으로 한 번 보여주는 것이 더 중요해요.
교사 이와 관련된 구체적인 사례가 있나요?

초등 논어 수업

동준 2학기 다짐으로 아침에 운동장 한 바퀴 뛰기로 했었는데 한 번 빼먹으니 다음 날도 하기 싫어졌어요. 해야 하는 일을 빼먹지 말고 꼭 해야한다는 걸 느꼈어요.

교사 행동을 민첩하게 하면 좋은 점은 무엇인가요?

이준 말로만 하면 믿음을 줄 수 없지만, 행동하면 믿음을 줄 수 있어요.

오늘의 말씀을 공부하고 아이들이 깨달은 것과 적용한 것을 적었다.

지선 말보단 행동으로 보여주자!

수아 머리는 생각을 많이 하고, 몸은 민첩하게 행동하겠다.

이준 나는 말은 굼뜨게 하고 행동은 민첩한 사람이 되고 싶다.

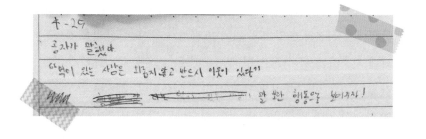

신뢰
최선을 다한 사람만이 신뢰를 얻는다

감정은행계좌라는 말을 들어봤는가? 은행에 계좌를 만들면 필요할 때 인출할 수 있도록 평소에 예금을 한다. 감정은행계좌란 인간관계에서 구축하는 신뢰의 정도를 은유적으로 표현한 말이다.[34] 내가 평소에 아내에게 친절하고 약속을 지키면 신뢰가 쌓인다. 아내의 감정은행계좌에 저축하는 셈이다. 설령 내가 실수한다 해도 감정은행계좌에 잔고가 높으면 신뢰 수준이 높아서 실수가 상쇄된다. 하지만 감정은행계좌에 잔액이 얼마 있지 않으면 작은 실수라도 감정 잔고가 바닥나 관계가 깨지게 된다. 그러니 평소에 감정은행계좌에 잔고를 쌓아두어야 한다.

그렇다면 어떻게 잔고를 늘릴 수 있을까? 스티븐 코비(Stephen Covey)는 〈성공하는 사람들의 7가지 습관〉에서 다음과 같은 여섯 가지 방

---

34) 스티븐 코비, 〈성공하는 사람들의 7가지 습관〉, 김영사, 256쪽

초등 논어 수업

법을 통해 감정은행계좌를 늘릴 수 있다고 제시한다.

1. 상대를 진심으로 이해한다.
2. 사소한 일에 관심을 가진다.
3. 약속을 지킨다.
4. 기대를 명확히 한다.
5. 누구에게나 원칙을 지킨다.
6. 진지하게 사과한다.

1. 상대를 진심으로 이해한다.

다른 사람을 진정으로 이해하기 위해 노력하는 일이야말로 우리가 할 수 있는 가장 중요한 예입 수단이다. 이것은 여섯 가지 방법 중 가장 핵심이다. 왜냐하면 그 사람을 이해하기 전에는 어떤 행동을 해야 입금할 수 있는지 모르기 때문이다.

나는 설거지하고, 청소하면 아내의 감정은행계좌에 잔고가 쌓일 줄 알았다. 하지만 아내에게는 집안일보다 말과 행동을 기억하는 일이 더 중요하다. 집안일을 많이 했지만, 아내의 말을 기억하지 못해서 잔액을 손실한 적이 많다. 감정은행계좌에 예입하기 위해서는 상대방이 중요하게 생각하는 것이 무엇인지 파악해야 한다. 내가 원하는 일을 하는 게 아니라 상대방이 원하는 일을 해야 한다. 그러기 위해서는 상대방을 깊이 이해해야 한다.

2. 사소한 일에 관심을 가진다.

보잘것없이 작은 일에도 정성이 필요하다. 작은 무례, 불친절, 무관심은 막대한 인출을 가져온다. 인간관계에서의 커다란 손실은 사소한 것으로부터 비롯한다.

나는 아내가 물건을 가지고 오라고 할 때가 두렵다. 물건이 어디에 있는지 정확하게 몰라 서랍의 이곳저곳을 살펴봐야 한다. 아내는 모든 물건의 위치와 개수를 정확히 알고 있다. 아내가 물건을 찾아오라고 요청할 때 항상 긴장한다. 물건의 위치가 나에게는 사소한 일이지만 아내에게는 당연한 일이다. 평소에 물건의 위치를 기억해둬야 한다. 사소한 일에 관해 관심을 기울이지 않으면 우리의 감정은행계좌는 금세 인출되고 만다.

3. 약속을 지킨다.

약속을 지키는 일은 가장 중요한 감정 예금 행위다. 약속을 어기면 대규모 인출 사태가 벌어진다. 그런 인출 행위가 발생하고 나면 다음에 약속해도 상대가 믿지 않는다. 사람들은 약속에 대한 기대가 크기 때문이다.

아내에게 평생 물을 책임지겠다는 약속을 했다. 자기 전에 물 한잔을 갖다주어야 한다. 아무리 피곤하다고 핑계를 대봐야 예금 잔액이 줄 뿐이다. 두말없이 약속을 지킨다.

아무리 노력해도 약속을 지키지 못하게 되는 예기치 못한 일들도

초등 논어 수업

발생한다. 그럴 때라도 약속을 지키기 위해 최선을 다해야 한다. 만약 불가능한 상황이 발생하면 상대방에게 미리 상황을 설명해서 약속 이행을 연기해야 한다.

4. 기대를 명확히 한다.

결혼할 때 남녀는 은연중에 상대방의 역할을 기대한다. 비록 역할 기대를 함께 이야기하지 않더라도 상대방 기대에 부응하면 감정은행 계좌에 잔액이 쌓이고, 기대를 어기게 되면 잔고가 준다.

나는 오랫동안 아내의 기대를 저버리고 나서야 아내가 나에게 어떤 기대를 하는지 알게 되었다. 주도적으로 나서서 주말을 어떻게 보낼지 찾아봐야 한다. 저녁 식사는 무엇을 먹을지 미리 찾아보고 제안해야 한다. 아내의 이야기를 경청하고 아내가 말한 사소한 이야기를 기억해야 한다.

모든 대인관계에서 나타나는 어려움은 역할과 목표에 대한 갈등과 애매한 기대 때문에 발생한다. 기대가 분명하지 않고 서로 공유되지 않으면 단순한 오해로 감정이 상하고 의사소통이 단절된다.

5. 누구에게나 원칙을 지킨다.

다섯 번째 방법은 언행일치다. 언행일치는 말로 한 약속을 행동으로 지킨다는 의미를 넘어선다. 상호 의존성의 현실에서 언행일치는 모든 사람에게 똑같은 원칙을 가지고 행동하는 것이다. 다른 사람을 기만하거나 인간 존엄성을 비하하는 대화를 하지 말아야 한다.

아내에게는 마음을 다하고 사소한 것을 신경 쓰고 약속을 지키지만, 나머지 사람들에게 그러지 않는다면 신뢰를 얻을 수 있을까? 부모님, 친구, 자식 등 누구에게나 똑같은 원칙을 지킬 때 신뢰를 얻을 수 있다.

6. 진지하게 사과한다.

잘못된 행동을 하면 반드시 사과해야 한다. 사과는 진지하게 한다. 상대에 대한 태도가 진지해야 신뢰가 쌓일 수 있다. 하지만 반복되는 사과는 불성실한 사과와 같다. 사과했으면 행동을 고치고 앞의 다섯 가지 방법을 꾸준히 실천해야 한다.

신뢰가 없는 사람은 외롭다. 다른 사람으로부터 신뢰를 잃는다면 이 세상에서 혼자 싸우고 방황할 수밖에 없다. 만약 당신이 외롭다는 생각이 들면 사람들로부터 신뢰받고 있는지 반성해보자.

논어 2-22

공자가 말했다.
"사람으로서 신뢰가 없으면 그의 나머지 재능이 제대로 작용할지 모르겠다. 큰 수레에 소 멍에를 연결할 쐐기가 없고 작은 수레에 말 멍에를 연결할 쐐기가 없다면 어떻게 수레가 갈 수 있겠는가?"

초등 논어 수업

子曰 人而無信, 不知其可也. 大車無輗, 小車無軏, 其何以行之哉?

자왈 인이무신, 불지기가야. 대거무예, 소거무월, 기하이행지재?

위정(爲政)편 22장의 논어 말씀은 신뢰에 관한 이야기다. 공자는 신뢰를 수레에 있는 쐐기로 비유한다. 큰 수레는 소와 연결하고, 작은 수레는 말에 연결한다. 쐐기는 소와 말을 수레와 연결하는 장치다. 쐐기가 있어야 소나 말이 수레를 끌 수 있다. 쐐기는 눈에 잘 띄지는 않지만, 수레에서 중요한 역할을 한다. 가축의 힘이 쐐기를 통해 수레에 전해지기 때문이다.

사람과 사람은 서로 믿음이 있어야 상호 교류가 가능하다. 인간관계의 신뢰는 수레의 쐐기와 같은 역할을 한다. 공자는 비유를 통해 신뢰가 없다면 사람 사이에 협력할 수 없다는 사실을 알려준다. 그는 높은 경지의 사람이든, 낮은 위치의 사람이든 모두 신뢰가 있어야 한다고 생각했다.

우리는 믿음을 한 개인의 덕성이라고 생각한다. 하지만 공자는 믿음이야말로 한 개인과 사회적 대의를 연결하는 중요한 고리라고 판단했다. 두 사람 사이의 관계부터 수백 명의 공동체에 이르기까지 어떤 공동체를 존립할 수 있게 해주는 것이 바로 신(信)이다. 신뢰는 부부 사이가 지속될 수 있게 한다. 학생들이 교사에 대한 믿음이 없다면 교실은 붕괴한다. 나라도 마찬가지다. 정부에 대한 신뢰, 나라에 대한 믿음이 없다면 국가는 존립할 수 없다.

교사 여러분은 어떤 사람을 믿고 의지할 수 있나요?

세빈 엄마, 아빠요. 저희를 위해 최선을 다해주세요.

태균 나에게 잘해주는 사람은 믿을만해요.

교사 그럼 처음 만난 사람이 나에게 잘해주면 믿을만한 사람인가요?

명진 나에게 잘해준다고 다 믿을만한 사람은 아니에요. 오히려 나를 속이려는 사람일 수 있어요.

이준 남의 환심을 사기 위해 얼굴빛을 속여서 잘해주는 사람을 조심해야 해요.

교사 교언영색(巧言令色)한 사람과 믿음을 주는 사람을 어떻게 구분할 수 있나요?

세빈 교언영색한 사람은 의도가 남을 속이는 사람이에요. 시간이 지나면 숨긴 일이 드러나요. 시간이 지나도 계속 그 행동을 유지한다면 믿을만한 사람이에요.

이준 자기 일에 최선을 다하는 사람을 우리는 믿을 수 있어요.

이야기를 나누고 아이들이 삶에 적용할 점을 적었다.

이준 사소한 약속이라도 잘 지키는 사람이 되어 사람들에게 신뢰를 얻을 것이다.

태균 아무리 큰 재능이 있더라도 신뢰가 없으면 재능을 쓸 수가 없다. 그래서 신뢰가 있게 행동할 거다.

동준 재능이 많아도 신뢰가 없으면 소용없다. 신뢰를 얻을 수 있도록 주어진 일에 최선을 다할 거다.

6 습관
습관은 우리의 인격이다

아내가 출근할 때 입을 카디건을 주문했다. 한쪽 어깨선이 터져서 옷을 교환하려고 업체에 전화했다. 상담원이 불친절하게 답했다. 옷의 어느 부분이 잘못됐는지 꼬치꼬치 캐물었다. 별것 아닌 일로 고객님이 예민한 것일 수도 있다는 말도 들었다. 어떤 고객은 실 한 올이 나온 걸로 교환을 신청한다고 덧붙였다. 속이 상한 아내는 더 이상 신경 쓰고 싶지 않아 환불을 요청했다. 그런데 이미 교환 신청을 했기 때문에 환급하려면 수수료를 내야 한다는 대답을 들었다.

아내는 얼마 전 한복을 교환하면서 겪었던 일과 비교했다. 똑같이 옷에 문제가 있었다. 한복 업체는 불편을 드려 죄송하다고 말했다. 잘못된 옷을 택배로 보냈는데 바로 새 옷이 왔다. 교환을 신청하자 한복 가게에서 다른 옷을 보내주었다. 아내는 이번에 옷을 구매한 업체에서 다시는 옷을 사지 않겠다고 했다.

이 일은 상담원의 잘못일까? 아니다. 기업의 습관 문제다. 〈습관의 힘〉이라는 책에서는 스타벅스 사례가 나온다.[35] 스타벅스는 손님에게 최고의 서비스를 제공하기 위해 습관의 힘을 이용하기로 했다. 곤란한 상황에 부딪혔을 때 직원이 활용할 수 있는 프로그램을 개발했다. 불쾌한 일이 벌어졌을 때 적합한 행동을 가르치기 위해 곤란한 상황을 가정한다. 음료가 맛이 없다고 불만을 표현하는 손님에게 어떻게 행동할까? 정신없이 바쁠 때 주문을 하는 손님에게는 뭐라고 말할까? 바쁘다고 서두르는 손님을 위해서는 어떻게 반응할까? 매일 똑같은 음료를 주문하는 단골손님에게는 어떤 말을 전할까?

훈련 프로그램에는 공백이 있다. 불쾌한 상황들을 가정해보고 어떻게 대응할지 직원이 직접 계획한다. 훈련 교본 사이사이에 백지가 있어 직원들은 힘든 상황을 이겨내기 위해 스스로 계획한다. 그리고 몸에 밸 때까지 반복해서 연습한다. 이른바 라테(Latte)의 법칙이다. 고객의 말을 귀담아듣고(Listen), 고객의 불만을 인정하며(Acknowledge), 문제 해결을 위해서 행동을 취하고(Take action), 고객에게 감사하며(Thank), 그런 문제가 일어난 이유를 설명한다(Explain).

습관은 신호, 보상, 반복 행동 세 가지 요소로 구성된다. 어떤 신호를 받으면 보상을 위해서 반복 행동을 하게 된다. 이 반복 행동이 습관이다. 나는 아침 5시에 일어나 20분 동안 운동한다. 5시에 맞춘 알람소리는 '신호'다. 운동을 마친 후에 느끼는 성취감, 아침을 의미 있게 보내고 싶다는 열망이 '보상'이다. 이 보상을 위해 매일 5시에 일어나 운

---

35) 찰스 두히그, 〈습관의 힘〉, 갤리온, 208~211쪽

초등 논어 수업

동하는 '반복 행동'이 습관이 된다.

습관은 개인의 것만이 아니다. 스타벅스의 사례처럼 기업에도 습관이 있다. 조직 문화라고도 할 수 있다. 학교에서 회의 문화도 습관이다. 첫 발령을 받은 학교에서는 회의가 30분이면 끝났다. 교무부장 선생님이 안건을 전달하고 교감, 교장 선생님 말씀으로 끝났다. 듣기만 하다가 말 한번 못하고 회의가 끝났다. 이런 문화 속에서 교사는 말을 할 수 없다. 학교의 회의 문화도 제도적인 습관이다.

조직 내의 파괴적인 습관은 기업에서도 찾아볼 수 있다. 나쁜 습관은 문화에 대해 생각하지 않는 구성원의 무지에서 비롯된다. 이를 모르기 때문에 나쁜 습관은 어떤 방해도 받지 않고 독버섯처럼 퍼진다. 제도적인 습관이 없는 조직은 없다. 제도적인 습관이 계획적으로 형성된 조직과 그런 습관이 우연히 형성된 조직이 있을 뿐이다.

아내의 옷을 교환해주지 않은 업체도 마찬가지다. 고객의 입장을 고려하지 않는 파괴적인 습관을 지니고 있다. 고객의 문제보다 자신들의 불편을 먼저 생각한 결과 불친절한 응대가 습관으로 굳어졌다. 문제는 이런 문화를 문제라고 인식하지 못하는 점이다. 이런 파괴적인 습관을 지닌 조직은 결국 무너진다.

교실에서 화가 나면 소리 지르는 아이들이 있다. 화를 내며 말하는 자세도 습관이다. 다른 아이에게 화를 내는 아이는 자기가 화를 내는 것에 대해 이렇게 말한다. "네가 잘하면 내가 화를 낼 이유가 없어." 상대가 자기 마음에 들게 행동하면 화를 내지 않는다는 말이다. 틀렸다. 상대가 자기 마음에 들지 않더라도 화내지 않고 이야기할 수 있다. 내 감정이 어떤지, 내 바람이 어떤지 화내지 않고 말로 전달해야 한다. 이를 반복 행동으로 연습해서 습관으로 만들어야 한다.

우리가 먹고 자는 방법, 아이들과 대화를 나누는 자세, 시간과 돈을 낭비하는 태도 등 모든 생활 모습은 우리의 습관에서 비롯한다. 나쁜 습관은 나와 주변 사람을 힘들게 한다. 나쁜 습관이 존재한다는 사실을 아는 순간부터 그 습관을 변화시킬 책임은 전적으로 자기 몫이다. 습관을 바꿀 수 있다고 깨닫는 순간부터 우리는 습관을 바꿀 수 있다.

논어 2-10

공자가 말했다.

"그 사람이 하는 행동을 보고 그 행동을 하게 된 이유를 관찰하고 그 사람이 편하게 여기는 것을 살피면, 그 사람이 어떻게 자신의 실제 모습을 숨길 수 있겠는가?"

子曰 視其所以, 觀其所由, 察其所安. 人焉廋哉? 人焉廋哉?
자왈 시기소이, 관기소유, 찰기소안. 인언수재? 인언수재?

위정(爲政)편 10장의 말씀은 평소 그 사람의 말과 행동을 보면 실제 모습을 알 수 있다는 이야기다. 공자는 사람을 판별할 때 세 가지로 파악해야 한다고 말한다. 행동을 보고, 이유를 살피고, 편안함을 살피는 것이다.

소이(所以)는 실행하는 방법을 말한다. 그 사람이 어떤 방법으로 일을 하는지 관찰한다는 의미다. 소유(所由)는 동기를 살핀다는 뜻이다. 사람의 동기가 자신의 사욕과 체면을 만족시키기 위해서인지, 아니면 타인을 위한 것인지를 살펴본다. 소안(所安)은 그 사람이 어떤 상황에서 편안해하는지 관찰한다는 뜻이다. 어느 시간, 어느 곳에서, 어떤 사람과 있을 때 편안해하는지를 살피면 그 사람의 미래를 내다볼 수 있다.

공자는 사람을 파악하려면 그가 일하는 방식, 일하는 이유, 가장 편안해하는 생활 방식을 살펴야 한다고 말했다. 이 세 가지를 살피면 인격을 판단할 수 있다.

교사 오늘의 말씀은 무슨 이야기인가요?

태균 그 사람이 어떤 사람인지 알고 싶다면 편안할 때 어떻게 하고 있는지 관찰하면 된다는 이야기예요.

교사 사람이 본래부터 지닌 타고난 그대로의 모습을 본래면목(本來面目)이라고 해요. 오늘의 구절을 일상생활에 어떻게 적용할 수 있을까요?

동준 좋아하는 사람이 어떤 사람인지 궁금할 때 사용할 수 있어요.

교사 구체적으로 말해줄래요?

동준 태균이가 좋아하는 사람이 학원에 있는데요. 그 아이가 어떤 사람인지 평소 행동을 살펴보면 알 수 있어요.

교사 여러분이 좋아하는 사람이 생겼다고 해봅시다. 근데 알고 보니 그 사람이 친구들을 뒷담화하고 욕을 자주 해요. 방도 치우지 않고 어지럽힌다는 사실을 알게 됐어요. 그러면 어떤가요?

이준 좋아하는 마음이 들지 않을 것 같아요.

교사 반면에 그 친구가 알고 봤더니 친구들을 잘 도와주고, 평소 어른들께 인사도 잘하고, 방 청소도 깨끗하게 잘해요. 그러면 어떨까요?

명진 '역시 내 선택이 맞았어!'라고 생각하고 그 사람을 더 좋아할 것 같아요.

교사 여기서 중요한 게 있어요. 내가 좋아하는 사람이 어떤 사람인지 살펴보는 일도 중요하지만, 그 사람도 나를 좋아해야 해요. 어떻게 하면 될까요?

지선 나도 그 사람처럼 평소에 잘해야 해요. 주위 사람들을 돕고, 예의를 갖추고, 청소도 잘해야 해요.

교사 평소에 우리가 쓰는 말과 행동이 습관이 돼요. 습관이 쌓여 사람의 성격과 인격이 되고, 이것들이 모여 우리의 운명이 돼요. 평소에 바르고 고운 말을 씁시다!

우리 반은 아침에 논어 필사를 하기 전에 시 낭송을 한다. 오늘 나눴던 이야기와 관련된 시를 배우고 있어서 다시 낭송했다. 이해인의 〈나를 키우는 말〉이다.

나를 키우는 말

- 이해인

행복하다고 말하는 동안은

나도 정말 행복해서

마음에 맑은 샘이 흐르고

고맙다고 말하는 동안은
고마운 마음 새로이 솟아올라
내 마음도 더욱 순해지고

아름답다고 말하는 동안은
나도 잠시 아름다운 사람이 되어
마음 한 자락이 환해지고

좋은 말이 나를 키우는 걸
나는 말하면서
다시 알지

오늘의 논어 말씀에 대해 아이들이 어떤 다짐을 했을까?

태균 남을 관찰하기 전에 나 먼저 평소에 말과 행동을 조심하겠다.
세빈 나는 평소에 잘하겠다. 나쁜 습관이 생기지 않게 하겠다.
동준 사귀는 사람이 생기면 관찰을 유심히 한다.

7 성공

진정한 성공은 나를 이기는 것이다

1966년 미국 스탠퍼드대학교 심리학자 월터 미셸(Walter Mischel)은 기발한 실험을 고안했다. 대상은 스탠퍼드대 교수와 교직원들의 자녀가 다니는 부설 유치원 어린이들이었다. 미셸은 3~5세 어린이를 모아 놓고 마시멜로를 보여주면서 말했다.

"먹고 싶으면 지금 먹으렴. 하지만 선생님이 잠깐 자리를 비우는 동안 마시멜로를 안 먹고 있으면 하나를 더 줄게."

어린이들의 반응은 다양했다. 15분 동안 꾹 참고 기다린 아이도 있고, 유혹을 이기지 못해 마시멜로를 먹은 아이도 있었다. 미셸은 한 걸음 더 나아갔다. 시간이 흘러 아이들이 어떻게 자랐는지 추적했다.

미셸의 추적 결과는 놀라웠다. 어렸을 때 마시멜로를 먹지 않고 15분을 기다린 이들은 성장 과정에서 맞닥뜨린 여러 유혹에 넘어가지 않았다. 학교 성적도 우수했고 좋은 직장을 얻어 소득도 높았다. 마시멜

초등 논어 수업

로 실험은 유명해졌다. 이때부터 어린아이의 의지력이 강조됐다. 만족의 지연, 즉 자기 절제력이 성공 비결이 되었다.

그러나 마시멜로 실험은 비판받았다. 미셸이 처음 마시멜로 테스트에 동원한 어린이는 총 653명이었다. 이들은 미셸의 자녀를 포함해 스탠퍼드대학교 부설 유치원에 다니고 있었다. 대다수가 경제적으로 여유 있는 중산층 어린이였다. 애초에 미셸은 이들을 추적 관찰할 생각도 없었다. "그때 마시멜로를 먹은 아이와 안 먹은 아이가 지금은 어떻게 됐을까?" 우연히 자녀와 대화하다 나온 아이디어가 연구로 이어졌다. 수소문을 통해 653명 가운데 185명을 찾았고, 그중 94명이 미국 대학 입학 자격시험 점수를 제출했다. 나중에 40대까지 추적이 가능한 이는 50명가량에 불과했다.

1989년 미셸과 연구자들은 두 번째 마시멜로 실험을 한다. 이번엔 끝까지 기다린 아이들의 수가 이전보다 많아졌다. 무엇이 아이들의 자제력을 높였을까? 첫 번째 비밀은 마시멜로를 덮은 뚜껑에 있다. 연구진들은 뚜껑을 덮어 아이들을 유혹으로부터 차단했다. 그랬더니 평균 8분 32초를 기다렸던 1966년의 실험과 달리, 아이들이 기다린 시간이 평균 11분으로 늘어났다.

두 번째 비밀은 기다리는 방법을 알려준 사실에 있다. 재미있는 생각을 하면서 기다리거나, 마시멜로가 먹고 싶을 때는 맛없는 솜뭉치나 구름을 떠올려보라고 가르쳐주었다. 기다리는 법을 알게 된 아이들은 평균 13분을 참았다. 두 번째 실험을 통해 만족의 지연은 개인의 의지가 아니라 환경의 차이, 기다리는 방법을 아느냐 모르느냐에 따라 달라질 수 있다는 사실을 알게 됐다.

세 번째 마시멜로 실험은 기존 해석에 의문을 제기한다. 미국 로체스터대학교 인지과학자 셀레스티 키드(Celeste Kidd) 등이 2013년 1월 발표한 논문이다. 이들은 마시멜로 테스트를 비틀었다. 어린이 28명에게 컵을 꾸미는 미술 활동을 할 것이라고 하고 크레용을 나눠줬다. 나중에 색종이와 찰흙을 더 주겠다고 약속했다.

잠시 후 한 그룹은 약속한 색종이와 찰흙을 가져다주고, 다른 그룹에는 약속한 것을 주지 않았다. 스티커를 이용해 똑같이 반복했다. 조금만 기다리면 멋진 스티커를 주겠다고 약속했다. 마찬가지로 한 그룹에는 약속한 스티커를 주지 않았다. 그런 다음 마시멜로 실험을 진행했다. 그 결과 선생님이 약속을 지킨 그룹은 평균 12분 넘게 참았다. 14명 중 9명의 아이가 마시멜로를 먹지 않았다. 두 번 모두 선생님이 약속을 지키지 않은 그룹은 평균 3분 정도만 참았다. 1명을 뺀 13명의 아이가 마시멜로를 먹어버렸다.

세 번째 실험을 통해 만족 지연 능력은 개인의 의지가 아니라 서로에 대한 신뢰 관계에 달려있다는 사실을 알게 되었다. 마시멜로를 빨리 먹은 아이는 의지력이 부족해서가 아니라 나중에 돌아오면 하나를 더 주겠다는 어른의 말을 의심했기 때문이다. 불신이 깔린 불안정한 환경에서 자란 어린이는 기회가 있을 때 일단 먹는 것이 남는 것으로 생각했다.

마시멜로 1차 실험 결과에만 매몰되었던 우리는 아이들에게 참으라고만 이야기해왔다. 그러나 아이의 참을성과 자제력은 아이 혼자서 키워야 하는 역량이 아니다. 두 번째, 세 번째 실험을 통해 참을성이 뛰어난 아이 뒤에는 인내심을 발휘할 수 있는 환경을 만들어준 어른이 존

초등 논어 수업

재한다는 사실을 알게 되었다. 이런 어른들은 아이들의 자제력을 높이는 환경을 만들어주고, 기다리는 방법을 구체적으로 알려주며, 아이들과 한 약속을 지켜 믿음을 준다.

인지심리학자들은 즉시적 만족감의 지연 능력을 '이타성'이라고 본다. [36] 아이가 원하는 게 있을 때 즉시 해결해주면 이타성을 0으로 만드는 일이다. 목이 마른 아이가 있다고 가정해보자. 아이의 짝은 물을 가지고 있다. 선생님이 10분 기다리면 물이 오니까 조금만 참으라고 한다. 이기적인 아이라면 10분을 버티지 못하고 짝의 물을 뺏는다. 반면, 10분을 기다릴 수 있다면 이타적인 아이라고 할 수 있다.

즉각적 만족감을 뒤로 미루고 기다릴 수 있는 아이는 자신보다 능력이 떨어지는 친구가 질문했을 때도 친절하게 설명해준다. 친구가 따라오는 과정을 기다리고 도울 수 있는 아이가 된다. 남의 질문을 거부하지 않고 답을 설명하는 이타적인 행동을 통해 자신 또한 몰랐던 부분을 깨닫는다. 같은 문제를 다른 방법으로 접근해보기도 한다. 그래서 이타적인 사람은 더 창의적이다.

이타적인 사람은 나와 격차가 많이 벌어져서 별 도움이 안 될 것 같은 사람도 와서 질문하게 한다. 그들에게 한 번도 받아보지 못한 질문을 받는다. 근원과 본질에 관한 질문이다. 내가 알고 있는 지식이 아니다. 쉽게 설명할 수 없다. '아, 나는 아직 더 많이 배워야겠구나.' 생각하게 된다. 이런 과정을 통해 더 지혜로워진다.

아이들을 이타적으로 만들려면 어떻게 해야 할까? "선생님 이거

---

36) 김경일, 〈창의성이 없는 게 아니라 꺼내지 못하는 것입니다〉, 샘터, 171쪽

해주세요." 했을 때 바로 들어주지 않는다. 아이의 욕구를 너무 즉각적으로 만족시켜 주면 기다릴 수 있는 능력을 키우지 못한다. 무조건 즉시 만족하려고 하는 사람을 우리는 이기적인 사람이라고 부른다.

사람은 조금씩 기다리는 훈련을 해야 이타성을 기를 수 있다. 선생님은 하던 일을 마치고 아이가 원하는 걸 들어줘야 한다. '선생님이 이야기하고 있으니까 마저 끝내고 네 이야기를 들어줄게.', '다른 친구가 먼저 왔으니 친구에게 먼저 설명하고 알려줄게.'라고 말해야 한다.

논어 12-1

안연이 인에 대해 묻자 공자가 말했다.
"자기를 이겨내고 예로 돌아가는 것이 곧 인을 행하는 것이다. 단 하루라도 극기복례를 행한다면 천하도 그런 사람을 인하다고 인정해줄 것이다. 인을 행하는 것은 자기 자신에서 비롯되는 것이지 어찌 남에게서 비롯되겠는가?"
안연은 이 점에 대해 보다 구체적인 사항들을 쉽게 설명해줄 것을 정중하게 청한다. 이에 공자가 말했다.
"예가 아니면 보지 말고, 예가 아니면 듣지 말며, 예가 아니면 말하지 말고, 예가 아니면 행동에 옮기지 말라."
안연이 말했다.
"제가 비록 행동이 재빠르지는 못하지만, 그 말씀을 따르도록 노력하겠습니다."

초등 논어 수업

顏淵 問仁, 子曰 克己復禮爲仁. 一日克己復禮, 天下歸仁焉.
안연 문인, 자왈 극기복예위인. 일일극기복예, 천하귀인언.
爲仁由己, 而由人乎哉? 顏淵曰 請問其目.
위인유기, 이유인호재? 안연왈 청문기목.
子曰 非禮勿視, 非禮勿聽, 非禮勿言, 非禮勿動.
자왈 비예물시, 비예물청, 비예물언, 비례물동.
顏淵曰 回雖不敏, 請事斯語矣.
안연왈 회수불민, 청사사어의.

교사 자기를 이겨낸다는 말이 구체적으로 무슨 말일까요?

은혜 자기를 극복한다는 거예요. 하기 싫은 일이 있을 때 그냥 하는 거예요.

교사 예를 들면 어떤 것이 있을까요?

대연 저는 게을러서 집에 들어오면 나가기가 싫어요. 소파에 누워서 쉬는 게 좋아요. 게으른 마음을 극복하고 밖에 나가 산책하는 거요.

해준 저는 학교에 오면 바로 집에 가고 싶어요. 이런 마음을 이겨내고 학교에서 공부하는 거예요.

교사 저는 오늘 아침에 5시에 일어나 운동했어요. 아침에 일어나기가 쉽지 않아요. '조금만 더 잘까?' 하는 마음이 생기지만 일어나서 운동을 다녀와요. 나를 극복하는 거예요. 나를 극복하기 위해서 공자가 제안하는 방법이 있어요. 무엇인가요?

재은 예(禮)가 아니면 보지 말고, 듣지 말고, 말하지 말고, 행동하지 말라고 해요.

교사 여러분 기억하나요? 예(禮)가 뭐라고 했지요?

예린 주어진 상황에서 최선을 다하는 것이 예라고 했어요.

교사 사람이라면 누구나 소파에 누워서 쉬고 싶고, 아침에 더 자고 싶어요. 학원에 가기 싫고, 수업 시간에 친구와 말하고 싶어요. 보통 사람이 다 그래요. 이런 마음을 이기면 나를 극복하는 겁니다. 나를 극복하는 건 어려워요. 어떻게 하면 조금 더 쉽게 나를 극복할 수 있을까요?

해준 선생님 저는 저를 극복하지 않고 싶어요. 그냥 편히 쉬고 학원도 가지 말고 그러면 안 될까요?

교사 해준이의 말에 어떻게 생각하나요?

예린 나에게 졌을 때는 편하긴 해요. 학원에 안 가고 소파에 쉬면 좋잖아요. 근데 나를 극복했을 때는 기분이 좋고 뿌듯해요.

재은 미래에 성공하려면 나를 극복하는 게 좋을 것 같아요.

교사 성공이란 무엇일까요?

예린 자기가 원하는 일이 이루어지면 성공이라고 생각해요.

교사 진정한 성공은 자기 자신을 이기는 일이에요. 성공은 미래에 이루어지는 게 아니에요. 오늘 당장 성공할 수 있어요. 귀찮지만 방 청소를 하면 성공이에요. 하기 싫은 수학 공부를 기쁜 마음으로 열심히 하면 성공이에요. 우리가 알고 있는 성공한 사람들은 매일 매일 극기복례를 한 사람이에요. 다시 돌아가 봅시다. 나를 극복하는 일은 어려워요. 어떻게 하면 조금 더 쉽게 이 일을 해낼 수 있을까요?

재은 성공하는 뿌듯함을 생각하면 힘이 날 것 같아요.

은혜 재밌는 일이라고 생각해요. 수학 공부가 재밌다고 생각하면 재밌어져요.

오늘의 이야기를 통해 아이들은 무엇을 깨달았을까?

재은 성공은 나를 극복하는 것이다.

은혜 나는 수학 시간에 투정을 부리지 말고 수학의 재미를 찾아 수학을 극복하겠다.

예린 나를 극복하고 예로 돌아가면 성공이다. 방학이지만 일찍 일어나는 것, 하기 싫어도 하는 것, 내 기록을 깨는 것. 이것이 극기다. 하기 싫어도 하는 것이 도심이다. 성공은 나를 극복하는 것이다. 나는 공부를 열심히 하겠다.

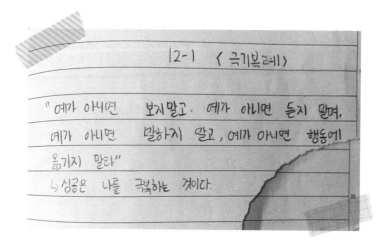

삶과 논어를
잇기 위해
무엇을 해야 할까?

교사들은 수업 시간에만 아이들을 만나지 않는다. 쉬는 시간, 점심시간, 방과 후 모든 시간에 교육활동을 한다. 논어를 만나는 시간도 수업 시간에 국한되지 않는다. 아이들 일상에서 논어를 생각하게 한다. 이번 장에서는 일상에서 논어를 더 깊게 접할 수 있는 나만의 꿀팁을 소개하고자 한다.

1. 아침 편지
2. TOP3 고르기
3. 명언 만들기
4. 다른 구절 찾기
5. 밥 친구

아침 편지
하루를 논어로 시작한다

　매일 아침 교실에 가면 제일 먼저 하는 일이 있다. 칠판에 아침 편지를 적는다. 논어를 읽기 전에는 아이들에게 부탁하고 싶은 내용을 쓰거나 아이들이 오늘 해야 할 일을 적었다. 책에 나온 명언을 쓰기도 하고 우리 반이 겪었던 특별한 일을 언급하기도 했다. 대부분 오늘 하루를 잘 지내보자는 이야기였다.

　논어를 배우고 나서는 달라졌다. 논어 구절을 사용해 아이들에게 하고 싶은 이야기를 전한다. 어제 배운 논어 구절의 핵심을 적고 우리에게 어떤 의미인지 강조한다. 그리고 '오늘의 질문'과 '오늘의 미션'을 쓴다. 오늘의 질문에는 아이들의 생각을 끌어내는 물음을 던진다. 오늘의 미션으로 논어 구절의 핵심 가치를 실천할 수 있도록 유도한다.

　2021년 5월 26일 아침 편지를 살펴보자. 하루 전날에 배웠던 논어 구절은 팔일(八佾)편 8장이다. 예(禮)는 사람을 완성하는 일이라고 배웠

> **선생님의 아침편지**
>
> 예를 지키는 것이 사람을 완성하는 일입니다.
>
> 사람의 아름다움을 완성하는 일이에요.
>
> 자신의 위치에서 역할에 최선을 다하는 것이 바로 "예"입니다.
>
> 오늘의 질문: 오늘 어떤일로 여러분의 아름다움을 완성시킬 것인가요?
>
> 오늘의 미션: 즐겁게 모내기 마무리하기
>
> 21. 05. 26

다. 예는 자신의 위치에서 최선을 다하는 일이다. 주어진 상황에 최선을 다함으로써 사람의 아름다움을 완성하는 일이라는 것을 강조했다. 오늘의 질문을 통해 예를 어떻게 실천할지 스스로 생각할 수 있도록 도왔다. 오늘의 미션으로 핵심 가치를 실천할 수 있도록 했다.

마침 이날은 학교 논에 모내기하는 날이다. 아이들은 오늘의 질문에 "나의 아름다운 완성을 위해 모내기를 최선을 다해서 하겠다." "모내기를 함으로써 노동의 아름다움으로 날 완성하겠어요!"라고 답했다. 힘들고 괴로운 모내기를 논어의 예(禮)와 연결한 덕분에 모내기를 열심히 할 수 있었다.

아침 편지로 어제 배운 논어 구절을 다시 되새길 수 있다. 아이들은 교실에 들어와 선생님이 쓴 편지를 읽으면서 어제 배운 논어를 떠올린다. 내용을 떠올리는 행동만으로도 배운 것을 흘려보내지 않고 붙잡아

둘 수 있다.

　단기기억을 장기기억으로 변환시키려면 편지를 읽고 배운 내용을 떠올려보는 행동만으로는 부족하다. 논어 구절을 내 것으로 만들어야 한다. 내 것으로 만드는 데 도움이 되는 활동이 '오늘의 질문'이다. 질문에 답하기 위해 스스로 생각하면서 논어 구절을 자기 것으로 만들 수 있다. 자기화된 논어 구절은 내 몸에 체화되어 장기기억으로 저장된다.

　중요한 것은 질문의 깊이와 수준이다. 너무 쉬운 질문은 뻔해서 생각할 필요가 없다. 너무 어려운 질문은 이해조차 할 수 없어서 겁먹고 생각을 포기한다. 논어를 배우면서 나왔던 이야기 중에 깊이 생각할 수 있는 내용을 질문한다. 의문사 발달을 생각하면 질문 만들기가 수월하다. 의문사는 무엇, 누구, 어디, 왜, 어떻게, 언제 순으로 발달한다. 이중에서 무엇, 왜, 어떻게를 이용하면 깊이 있는 질문을 만들 수 있다.

　"인간의 아름다움은 무엇을 의미하는 것일까요?"
　"예가 인간의 아름다움을 완성하는 이유는 무엇인가요?"
　"어제 배운 예를 어떻게 실천할 수 있나요?"

　이어서 '오늘의 미션'을 통해 행동으로 옮긴다. 지식은 머릿속에 넣는 것으로 끝나지 않는다. 행동으로 실천할 때 진짜 지식이 된다. 가슴에서 끝나는 여행이 아니라 가슴에서 발까지의 여행을 해야 한다.

　우리 반 아이들은 평소에 예(禮)와 인(仁)을 실천하기 위해 여러 가지 미션을 실행한다. 여러 선생님께 인사하기, 다른 사람에게 감사의 말 전하기, 다른 사람의 말을 들을 때 경청하기, 우리 반을 위해 공헌하는 일 세 가지 하기, 자기 주변을 깨끗이 정리하기, 마신 우유갑을 정리하기 등이다. 이런 행동이 모두 예와 인이다. 주어진 상황과 자리에서 최선을 다하는 것이 예고, 나보다 다른 사람을 먼저 생각하고 존중하는 것이 인이다.

아침 편지는 잔소리를 줄여준다. 교실에서 생활하다 보면 아이들의 사소한 잘못이 눈에 보인다. 주변 정리가 되어있지 않고, 옆 사람과 떠들고, 다른 사람의 이야기를 듣지 않고, 수업 시간을 지키지 않고, 수업 준비를 하지 않고, 위험한 장난을 하고, 욕이나 비속어를 쓰고, 이기적으로 내 주장만 펼치고, 친구 뒷담화를 하고, 교사의 말을 듣지 않는다. 잘못들을 일일이 말하다 보면 잔소리가 된다. 계속 잔소리를 듣는 아이들은 자존감이 떨어져 문제를 고치기 어렵다.

문제 상황이 생기면 칠판을 가리키고 아침 편지를 읽게 한다. 칠판에는 예와 인에 관한 이야기가 있다. 아이들에 대한 사랑의 마음도 담겨 있다. 아이들은 아침 편지를 읽으면서 자기 행동을 되돌아보고 고칠 수 있다. 학생으로서 내가 해야 할 일에 최선을 다하고, 나보다 다른 친구를 먼저 생각하면 문제가 해결된다.

아침 편지는 논어 구절이 아니어도 좋고, 내용이 길지 않아도 된다. 하루를 잘 살아보자는 마음과 아이들에 대한 사랑을 전하는 내용이 들어있으면 충분하다. 작은 메모지만 아침 편지에는 정성과 사랑이 담겼다. 이런 편지를 매일 받는 아이들의 마음은 얼마나 풍요로워질까? 많은 분이 아침 편지를 썼으면 좋겠다.

2

TOP3 고르기
마음속 보석을 캐낸다

논어를 매일 공부하다 보면 한 달이면 한 편을 배운다. 한 편을 모두 배우면 바로 다음으로 넘어가지 않고 배웠던 것을 정리하는 시간을 갖는다. TOP3 고르기를 한다. 가장 마음에 드는 세 가지 구절을 고르는 활동이다.

"오디션 프로그램에서 심사 위원이 후보들을 평가하는 것처럼 신중하게 구절을 골라보세요."

아이들은 논어책을 다시 살핀다. 깨달은 점과 적용할 점을 적은 공책을 보기도 한다. 이렇게 배운 내용을 다시 복습한다. 가치를 떠올려 보고 내면화한다.

마음에 드는 구절 세 가지를 고르면 공책에 정리한다. 마음에 드는 구절을 필사하지 않고 핵심 키워드만 뽑아서 적는다. 그 구절을 고른 이유도 상세하게 적는다. 마지막으로 이를 종합해서 핵심 가치를 어떻게 실천할지 자기 다짐을 쓴다.

실제로 우리 반 아이가 적은 것을 살펴보자. 제2편 위정(爲政)편은 모두 24장으로 구성되어 있다. 아이는 2-1, 2-7, 2-22를 골라 장마다 핵심 가치와 키워드를 적었다. "덕으로 정치, 공경, 신뢰" 아래에는 세 가지 구절을 고른 이유를 상세하게 적었다. 마지막으로 이를 종합해서 자기 다짐을 썼다. "엄마, 아빠를 공경하고 덕으로 정치를 하여 신뢰를 주는 사람이 될 것이다. 양보하고 부드러운 카리스마를 가지고 약속을 잘 지키겠다."

이 활동을 하면서 아이들은 세 가지 어려움을 겪는다. 첫 번째 어려움은 여러 장의 구절 중에서 마음에 드는 세 가지를 고르는 일이다. 스무 개가 넘는 구절을 살펴보는 일부터가 고역이다. 논어책과 그동안

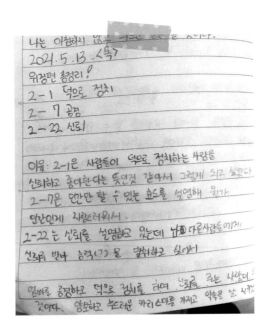

초등 논어 수업

필사한 공책을 살펴보면서 배웠던 것을 돌아보는 일은 시간과 정성이 든다. 잘하는 아이들은 같은 가치를 말하는 구절들을 묶어 구조화한다. 주제 중에서 마음에 드는 구절을 하나씩 골라낸다. 예의 근본을 말하는 여러 구절 중에 하나를 선택하고, 진정한 목표에 관한 구절 중에 하나를 선택하는 식이다.

빈면에 이를 어려워하는 아이들은 많은 구절 중에 무엇을 선택해야 하는지 감을 잡지 못한다. 구조화해서 세 가지 구절을 고르기보다는 그동안 썼던 깨달은 점과 적용할 점 중에 기억에 남는 것을 선택한다.

두 번째로 어려워하는 것은 핵심 키워드로 정리하는 일이다. 지금까지 논어책을 그대로 베껴서 필사했지만, 이번에는 각 장에서 말하는 핵심을 뽑아내야 한다. 문장을 읽고 무슨 말인지 생각해야 한다. 평소에 책을 많이 읽은 아이들은 어렵지 않게 핵심 가치를 정리하지만, 문해력이 낮은 아이들은 이 부분을 어려워한다. 문장의 의미를 파악해서 말하는 바를 요약하지 못하고 구절을 그대로 베껴 쓰려고 한다.

세 번째 어려움은 자기 생각을 표현하는 일이다. 고른 이유를 상세하게 적는 활동과 이를 종합해서 내 다짐을 쓰는 것을 어려워한다. 고른 이유를 적으려면 논어 구절과 관련된 자기 생활을 떠올리고 이를 연결해 정리해야 한다. 세 가지 구절을 골라 종합해서 다짐을 쓰려면 앞으로 어떻게 행동할지 생각해야 한다.

세 가지 어려움 때문에 태균이가 말했다.

"처음으로 논어가 싫어졌어."

그동안 매일 필사하고 이야기를 나누는 것은 재밌었는데, TOP3 고르기 활동은 힘들다는 얘기다. 생각하는 과정을 연습하고 자기 말로 표현하는 일은 어른에게도 어려운 활동이다. 아이들은 괴로울지도 모르겠지만 이것이 진짜 남는 공부다. 어렵게 공부하면 잊기가 어렵기 때문이다.

기억 전략 중에 '인출 효과'가 있다. 인출은 시험을 포함해서 암송, 요약, 토론, 발표, 관련된 글을 쓰는 일을 말한다. 공부한 내용을 어떻게든 밖으로 표출하는 활동이다. 힘든 일이지만 이렇게 고된 작업을 할 때 뇌는 해부학적으로 변하고, 장기기억이 생성된다. [37]

칙센트미하이(Mihaly Csikszentmihaly)에 의하면 주어진 과제가 한 사람이 가진 역량을 최대한 끌어낼 때 몰입을 느낄 확률이 높다. 몰입하기 위해서는 과제 난이도가 중요하다. 너무 쉽지도, 어렵지도 않아야 한다. 학습자가 도전하고 노력하면 충분히 해낼 수 있는 과제여야 한다. 내가 가진 역량을 최대한 발휘해야 하는 과제를 수행하다 보면 몰입한다. 몰입을 하면 자기 성장을 경험하고 자아존중감을 느끼고 행복하다. [38]

논어 한 편을 마무리하면서 마음에 드는 구절 세 가지를 고르면 인출 효과를 경험한다. 이 활동은 아이들에게 몰입을 선사한다. 세 가지 어려움이 있지만, 배운 내용이기 때문에 아이들이 해낼 수 있다. TOP3를 고르면서 논어 한 편을 복습한다. 내 생각을 밖으로 표현한다. 자아존중감과 행복까지 느낀다. 일석삼조의 일이다. 진짜 남는 공부 아닌가?

---

37) 고영성, 신영준, 〈완벽한 공부법〉, 로크미디어, 105쪽
38) 고영성, 신영준, 〈완벽한 공부법〉, 로크미디어, 116~118쪽

명언 만들기

나도 공자다

6학년 1학기 국어 1단원은 비유하는 표현에 대해 배운다. 우리는 비유하는 표현을 통해 대상을 새롭게 볼 수 있다. 상황을 더욱 실감 나게 느낀다. 글의 내용도 쉽게 이해하고 글쓴이의 의도도 힘들지 않게 파악할 수 있다. 논어에서도 공자와 공자의 제자들은 비유하는 표현을 즐겨 사용한다.

논어 3-12

공자가 조상에게 제사를 지낼 때는 마치 조상이 와서 계시는 것처럼 지냈고, 신에게 제사를 지낼 때는 마치 신이 와서 계시는 것처럼 지냈다. 공자가 말했다.

"내가 직접 제사에 참여하지 않으면 제사를 지내지 않은 것과 같다."

祭如在, 祭神如神在. 子曰 吾不與祭, 如不祭.
제여재, 제신여신재. 자왈 오불여제, 여부제.

팔일(八佾)편 12장의 말씀은 어떤 일이든 진심과 성의를 다해야 한다는 이야기다. 조상과 신에게 제사를 지낼 때는 마치 조상이나 신이 옆에 계시는 것처럼 제사를 지내야 한다고 비유한다. 진심과 성의를 다해야 한다는 말을 실감 나게 표현한다. 비유를 통해 우리는 공자가 하고자 하는 말의 의도를 수월하게 파악할 수 있다. 아이들에게 진심과 성의를 다해야 하는 이유에 관해 물었다.

지선 성의를 다하면 아쉬움이 남지 않고 나중에 도움이 돼요.
이준 나 자신에게 부끄럽지 않기 위해서 무엇이든 마음을 다해야 해요.
명진 나 자신도 뿌듯한 걸 느낄 수 있고, 남에게도 내 마음이 전해지기 때문이에요.

이날은 깨달은 점이나 적용할 점 대신에 비유적인 표현을 써서 진심을 다해야 하는 이유를 적어보라고 했다.

지선 영화를 볼 때는 내가 주인공이 된 것처럼 몰입해야 한다.
이준 논어를 쓸 때는 내가 공자와 공자의 제자가 된 것처럼 한다.
우현 게임을 할 때는 내가 게임 캐릭터인 것처럼 한다.

수아 과학 수업을 할 때는 마치 과학자가 된 것처럼 행동한다.

세빈 피구를 할 때는 이것이 마치 국가대표 결승전처럼 경기하겠다.

아이들은 즐거운 마음으로 비유적인 표현을 적었다. 진심과 성의를 다해야 한다는 논어 구절과 나의 일상생활을 연결했기 때문에 흥미를 느꼈다. 핵심 가치와 키워드를 주제로 나만의 이야기를 만들었기 때문에 집중해서 활동했다. 아이들은 스스로 나만의 명언을 창조했다는 것에 뿌듯해했다.

다른 구절 찾기
연결하면 풍성해진다

4

아이들과 논어를 공부하다 보면 '어, 이거 어디서 본 것 같은데' 하는 생각이 든다. 오늘의 논어 말씀과 전에 배운 내용이 통한다는 느낌이 든다. 같은 주제로 이루어진 한 편 안에서도 내용이 연결되지만, 다른 편에서도 배움이 연결된다. 논어를 어느 정도 공부하고 나서는 오늘의 논어 말씀과 연결되는 구절을 앞에서 찾아본다. 논어책을 살펴보는 아이도 있고, 필사한 노트를 뒤적이는 아이도 있다. 그러다가 오늘의 말씀과 관련된 구절을 찾으면 즐거운지 격앙된 목소리로 이야기한다.

논어 3-20

공자가 말했다.
"〈관저〉의 내용은 즐겁지만 지나침이 없고, 슬프지만 선한 사람의 마음을 상하게 하지 않는다."

子曰 關雎, 樂而不淫, 哀而不傷.
자왈 관저, 락이불음, 애이불상.

팔일(八佾)편 20장의 말씀은 지나치지 말라는 내용이다. 오늘의 말씀과 뜻이 통하는 논어 말씀을 앞에서 찾아보라고 했다.

동준이가 2-4 종심을 찾았다고 한다. 이유를 물었다.

"70세는 마음이 내키는 대로 행동해도 법도를 넘지 않는 나이라고 했어요. 법도를 넘지 않는다는 것이 즐거운데도 지나치지 않는다는 오늘의 말씀과 연결된다고 생각했어요."

이준이가 1-12 화합을 말한다.

"1-12는 화합만을 추구하는 것이 아니라 예로 절제해야 한다고 했어요. 즐겁지만 지나침이 없다는 것은 화합하는 가운데 엄격하게 예를 갖춰야 한다는 말이라고 생각해요."

논어를 배우다 보면 비슷한 말씀이 떠오른다. 여러 말씀이 하나의 줄기로 연결되는 느낌이다. 아이들과 함께 예전 내용을 다시 살펴보면 좋은 점이 세 가지가 있다.

첫째, 심화된 복습을 할 수 있다. 오늘의 말씀과 연결된 부분을 찾다 보면 앞에서 배운 내용을 떠올리게 된다. 하지만 단순히 앞의 내용을 다시 살펴보는 복습이 아니다. 오늘의 논어 구절과 연관된 내용을 찾는 과정이기 때문에 의도를 갖고 살펴보는 복습이다. 그동안 배운 것을 심화하는 복습이라 인출 효과를 경험할 수 있다. 공부한 내용을 찾고 오늘의 구절과 어떻게 연결되는지 자기 생각을 표출하는 과정을 통해 배운 내용을 오래 기억한다. 어렵게 공부하면 잊기 어렵다.

둘째, 새로 배우는 논어 구절을 더 쉽게 배울 수 있다. 아이들은 앞의 구절을 참고하면서 즐겁지만 지나치지 않는다는 말을 더 풍부하게 이해한다. 법도를 넘지 않는다, 화합하는 가운데 예를 갖춰야 한다는 말과 즐겁지만 지나치지 않는다는 말을 통합했다. 이렇게 새로운 정보를 기존의 기억과 연결하고 통합하는 연습을 하게 되면 작업기억 능력이 확장된다. 이미 공부했던 내용과 새로운 정보를 통합하는 노력을 하면 작업기억의 작업대는 더 훌륭해진다.[39]

셋째, 기존의 내용과 오늘의 말씀을 통합해서 새로운 생각을 떠올릴 수 있다. 이와 관련된 사례를 살펴보자.

논어 4-14

공자가 말했다.
"벼슬이 없는 것을 걱정하지 말고 벼슬에 설 만한 재능과 학식이 없는 것을 걱정해야 한다. 자기를 알아주지 않는 것을 걱정하지 말고 알아줄 만한 사람이 될 것을 추구해야 한다."

子曰 不患無位, 患所以立, 不患莫己知, 求爲可知也.
자왈 불환무위, 환소이립, 불환막기지, 구위가지야.

---

39) 고영성, 신영준, 〈완벽한 공부법〉, 로크미디어, 98쪽

이인(里仁)편 14장의 말씀은 다른 사람들이 자기를 알아주지 않는 것을 걱정하지 말고, 알아줄 만한 실력을 갖춘 사람이 되라는 이야기다. 이에 대해서 아이들은 어떻게 생각하는지 물었다.

이준 내 실력이 부족한 것을 걱정하라는 말이에요.
세빈 남이 나를 알아줄까 걱정하지 말고, 남이 나를 알아줄 만한 사람이 되기 위해 노력하라는 말이에요.

오늘의 말씀과 관련된 이야기를 앞에서 찾아보라고 했다. 아이들은 학이(學而)편 16장을 찾았다. "나는 남이 나를 알아주지 않는 것을 걱정하지 않고, 내가 남을 몰라줄까 걱정한다." 1-16과 4-14의 같은 점과 다른 점을 찾아보라고 했다.

명진 남이 알아주지 않는 것을 걱정하지 말라는 점은 똑같아요.
태균 1-16은 내가 남을 몰라줄까 걱정하라는 말이지만, 4-14는 내가 알아줄 만한 사람이 되라는 것이에요.

1-16과 4-14 두 구절을 통합해서 우리가 어떻게 행동하면 좋을지 새로운 명제를 만들어보라고 했다.

지선 재능과 학식을 키워서 남들이 알아줄 만한 사람이 되고, 다른 사람을 알아볼 수 있는 실력을 키워야 해요.
동준 다른 사람의 훌륭한 재능과 학식을 알아볼 수 있으려면 저도 그만큼 훌륭한 재능과 학식이 필요해요.

1970년대 초 알랜 배들리(Alan Baddeley)는 그동안 수행했던 많은 단기기억 연구를 검토했다. 알랜은 연구 끝에 단기기억의 역할은 우리의 정신 속에 상호 관련된 정보들을 동시에 유지하면서 작업하고 그것을 적절히 사용한다는 사실을 밝혀냈다. 다시 말해 작업기억은 단순히 정보를 저장하는 것에 그치지 않고 그 정보로 능동적인 작업을 하기 위해 존재한다. 단기기억은 작업을 위한 인지과정이다. 그래서 학자들은 단기기억이라는 말보다 작업기억을 더 많이 사용한다.[40]

오늘 배우는 논어 구절과 예전의 배운 구절을 연결하면 우리의 단기기억은 능동적으로 '작업'한다. 새로운 인지과정을 거치다 보면 새로운 생각을 떠올리게 된다. 창의적 생각은 연결에서 나온다. 매일 논어를 읽다 보면 어느새 새로운 작업을 할 수 있는 생각들이 쌓인다. 이 생각들을 연결할 수 있도록 교사가 곁에서 도와주면 창의적인 생각이 솟아난다.

---

40) 마가렛 마틴, 〈인지심리학〉, 박학사, 129쪽

밥 친구

논어의 의미를 묻다

5

    이영근 선생님의 〈초등 학급운영 어떻게 할까?〉를 읽고 밥 친구를 알았다. 점심시간에 급식을 먹으면서 매일 다른 아이와 이야기를 나눈다. 코로나19로 급식실에서 대화하지 못하게 되었을 때는 점심을 먹고 다른 곳에서 이야기를 나누었다. 운동장 벤치에서 이야기할 때도 있었고 함께 산책하면서 대화를 나누기도 했다.

    밥 친구를 하면 학교생활이 어떤지 물어본다. 학교 오는 일이 즐거운지, 어려운 점은 없는지 묻는다. 10점 만점에 몇 점을 줄 수 있는지 물어보고 이유를 들어보기도 한다. 그러면 아이의 전반적인 학교생활에 대해 파악할 수 있다. 점수가 낮은 아이들 얘기는 따로 기록해두었다가 어려운 점을 해결해주려고 노력한다. 나중에 학부모와 상담할 때도 요긴하게 쓰인다.

    요즘 제일 관심 있는 것은 무엇인지 물어본다. 일상에서 재미있는 활동이 무엇인지 묻는다. 어떤 아이가 조성진의 피아노곡이 좋다고 해서 그 연주를 찾아서 들어보기도 했다. BTS의 노래가 좋다고 해서 쉬는 시간에 함께 노래를 들었다. 프리미어리그 축구 경기 이야기가 나와 시간 가는 줄 모르고 대화를 나눴다. 서로의 관심사에 관해 이야기를 나누다 보면 어느새 사이가 좋아진다.

우리 반 친구들과 선생님에게 바라는 점은 없는지 물어본다. 친구들에게 평소에 부탁하고 싶은 것을 이야기한다. 들어보고 필요하다 싶은 이야기는 대신 전해주기도 한다. 교사에게 부탁하는 일도 받아들일 수 있는 부분은 적극적으로 반영한다.

반 티를 만들고 싶다고 해서 미술 시간에 반 티를 디자인했다. 주간 계획을 단체 채팅방에 공유해달라고 해서 그렇게 했다. 현장 체험을 가고 싶다고 해서 교과와 관련된 현장 체험을 아이들이 직접 구상해서 다녀왔다.

아이들이 바라던 일을 이루어지도록 도와주면 수업과 학교생활에 더 적극적으로 참여한다. 밥 친구를 하다 보면 아이의 가정 배경, 성격, 취미, 소질, 관심, 교우관계, 문화 등 다양한 특성을 고루 파악할 수 있다.

논어를 함께 배우고 나서는 밥 친구 마지막 즈음에 논어에 대해 질문한다. 오늘 아침에 배운 구절이 무엇이었는지 물어본다. 골똘히 생각하다가 유레카 하며 오늘의 키워드를 이야기한다. 요즘 배운 구절 중에서 기억에 남는 구절이 무엇인지 물어보고 그 이유도 함께 묻는다. 또다시 깊이 생각하다가 며칠 전에 배웠던 구절의 핵심 가치를 말한다. 먹은 음식을 소화하는 것처럼 논어를 머릿속에서 소화하고 되새긴다. 기억에 남는 구절에 대한 이유를 물어보기 때문에 스스로 생각하여 핵심 가치를 내면화한다. 단기기억을 장기기억으로 이끌어준다.

마지막으로 지금 배우고 있는 논어의 의미를 찾을 수 있는 질문을 한다. 나에게 논어란 무엇인지, 논어를 배우기 전과 지금의 차이점은 무엇인지 묻는다. 논어가 아이들의 삶 속에 자리를 차지하고 의미를 얻으려면 논어를 자기 삶과 관련지어 설명할 수 있어야 한다.

의미를 얻는 과정은 단순히 아는 것과 다르다. 아무리 지식과 정보를 머리 가득 담고 있어도 삶 속에 자리 잡지 못하면 그 배움은 의미가 없다. 배움이 의미 있으려면 왜 배우는지, 배움으로써 자기 삶이 어떻게 개선될 수 있는지 자신의 언어로 말할 수 있어야 한다.[41]

동준이와 밥 친구를 하다가 나에게 논어란 무엇인지 물었다. "삶의 지혜를 주는 책"이라고 말한다. 이유를 물었다. "군자다운 경쟁이 기억에 남아요. 경쟁이란 상대방을 이기는 거로만 알았는데, 어제의 나와 경쟁하는 것이 군자다운 경쟁이란 걸 알고 인상 깊었어요."

눈치챘겠지만 밥 친구를 할 때는 순서가 있다. 일상의 이야기, 아이들이 관심 있어 하는 이야기, 바라거나 부탁할 일들에 대해 먼저 대화하고 논어에 관해 이야기한다. 무턱대고 논어 이야기를 나누자고 하면 대화가 이뤄지지 않는다. 교사의 주된 역할은 아이들이 하는 이야기를 들어주고 맞장구쳐주는 일이다. 교사가 훈계하는 말을 하면 아이들은 말을 하지 않는다. 아이들에게 어떤 질문을 던질지 미리 계획해서 대화의 주도권을 가지되 마이크는 항상 아이들이 쥘 수 있도록 해야 한다.

---

41) 권재원, 〈교육 그 자체〉, 우리학교, 126쪽

유대인들은 식사 시간에 하브루타를 한다. 부모와 자녀가 짝을 이루어 서로 질문을 주고받으며 토론한다. 부모는 아이가 마음껏 질문할 수 있는 환경을 만들어주고 스스로 답을 찾을 수 있도록 유도하는 역할을 한다. 하브루타는 소통을 통해 다층적으로 지식을 이해하는 방법이다. 하나의 주제에 대한 찬반을 동시에 생각해보고 새로운 아이디어를 끌어낸다.

밥 친구도 하브루타다. 식사 시간에 오늘 하루를 보내면서 기뻤던 일, 슬펐던 일, 재미있었던 일을 이야기한다. 거기서 배울 점이 무엇이었는지 함께 나눈다.[42] 그리고 마지막에 논어의 의미를 묻는다. "너에게 논어란 무엇이니?"

---

42) 전성수, 양동일, 〈질문하는 공부법 하브루타〉, 라이온북스, 211쪽

초등 논어 수업

교사는
논어에서 무엇을
배울까?

만약 논어가 교사에게 전하는 말이 있다면 다음과 같을 것이다.

"선생님, 당신은 귀중한 존재입니다. 학생들은 당신을 따르며 배우고 성장합니다. 그들의 인생에 큰 영향을 미칠 수 있습니다. 그러므로 당신은 모범이 되어야 합니다. 덕과 예의를 지켜주시고 선량한 행동을 보여주십시오. 학생들에게 존경받는 선생님이 되어주십시오."

논어를 통해 교사들은 교육의 목적과 가치, 학생들의 성장과 발전에 대한 이해를 넓힐 수 있다. 이번 장에서는 논어를 통해 교사가 배울 수 있는 구체적인 덕목 여섯 가지를 소개한다.

1. 호학
2. 반성
3. 모범
4. 관대
5. 사랑
6. 사명

호학

끊임없이 배우면서 자신을 새롭게 한다

논어 2-11

공자가 말했다.

"옛것을 배워 익히고 그리하여 새것을 알아내면 얼마든지 다른 사람의 스승이 될 수 있다."

子曰 溫故而知新, 可以爲師矣.
자왈 온고이지신, 가이위사의.

다른 사람을 가르치는 스승은 아무나 할 수 없다. 옛것을 깊이 파고들어 그 안에서 새로운 이치를 찾아내는 사람만이 스승이 될 수 있다. 온고지신(溫故知新)을 위한 첫걸음은 학이시습(學而時習)이다. 학(學)은 옛것을 배우는 일이고, 시습(時習)은 익히는 일이다. 학과 시습은 새로운 존재로 나아가기 위한 훈련과 준비다. 학이시습을 하고 나면 지신(知新)을 향해 나아갈 수 있다.

온고지신을 자기 혁신으로 생각하면 〈대학(大學)〉에 나오는 일신우일신(日新又日新)이다. 매일 새로운 것을 익히고 매일 스스로 갈고 닦는 일이다. 이런 사람이라면 얼마든지 다른 사람의 스승이 될 수 있다. 교사는 끊임없이 배우고 익혀 새로운 존재가 되어야 한다.

교사는 교육을 제공하는 사람이 아니다. 교사는 학생을 가르치고 지도하는 존재로 그치지 않는다. 학생이 새로운 지식과 기술을 습득하도록 교육하는 활동은 교사가 하는 일의 일부에 지나지 않는다. 나머지 일은 배우는 일이다. 교사는 삶 전체를 배움의 시간으로 보내고 그 중에 일부분을 학생과 만나 교육에 힘쓰는 교육자이다. 교사는 학생과 함께 배우고 익히는 존재다.[43] 교사는 학생보다 먼저 배움에 최선을 다하고 배우는 기쁨을 아이들에게 전하는 사람이다.

교사의 노동은 세 부분으로 이루어진다. 첫째, 아이들을 가르치는 시간이다. 둘째, 배우는 시간이다. 셋째, 배운 내용을 익히고 숙성시키는 시간이다. 세 부분은 따로 구분되지 않는다. 아이들을 가르치는 시간이 배움의 시간이 될 수 있고, 배운 것을 익히고 숙성시키는 시간이 아이들을 가르치는 시간이 되기도 한다. 교사의 삶이 배움의 시간일 뿐이다.

교사의 노동시간은 겉보기에는 짧게 보인다. 아이들을 가르치는 시간은 얼마 되지 않기 때문이다. 하지만 나머지 배움의 시간은 드러나

---

43) 권재원, 〈교사가 말하는 교사 교사가 꿈꾸는 교사〉, 북멘토, 39쪽

지 않는다. 교사는 수업이 아닌 시간에 쉬지 않고 배운다. 쉼을 통해 노동력을 회복하지 않고, 배움을 통해 노동력을 확장한다. 교사는 배움을 통해 성장하고 새로운 존재가 된다.

교사의 취미 활동은 단순히 즐기기 위한 시간이 아니다. 배드민턴을 취미로 배우더라도 이 배움이 수업으로 이어진다. 초등학교 5, 6학년 체육에서는 네트형 경쟁 활동을 한다. 취미로 배드민턴을 치는 교사는 그렇지 않은 교사보다 체육수업에서 배드민턴 치는 법을 더 잘 가르칠 수 있다. 하이클리어, 드라이브, 드롭샷 등 기본기를 가르치고 배드민턴 게임까지 원활하게 진행한다. 이를 통해 아이들은 건강 관리 능력, 신체 수련 능력, 경기 수행 능력을 키운다. 덕분에 신체 활동의 즐거움을 느끼고 체육수업을 더 좋아한다.

교사는 여가 시간도 함부로 낭비하지 않는다. 아니, 교사는 여가 시간이 없다. 일이 없어 남는 시간이란 존재하지 않는다. 삶 자체가 교실에서 하는 수업을 준비하는 시간이다. 그러니 교실에 있는 시간을 충실하게 일하고, 학교에 있는 시간을 열심히 일하는 교사들은 절반만 성실한 교사이다. 진짜 성실한 교사는 교실 안과 밖, 학교 안과 밖, 삶 전반에 걸쳐 성실하다.

교사는 단순히 휴양을 위해 여행을 떠나지 않는다. 여행을 배움의 기회로 삼는다. 제주도 여행에서는 4.3항쟁을 기억한다. 초등학교 6학년 사회에서 민주주의의 발전과 시민참여를 배운다. 4.3항쟁과 민주주의의 발전을 연결한다. 이를 가르칠 목적을 갖고 제주 여행을 한다. 휴양을 목적으로 여행했을 때 보았던 관광지들이 학살이 자행되었던 4.3항쟁 유적지라는 사실을 알게 된다. 광치기 해변, 성산일출봉, 정방폭

포, 알뜨르 비행장이 그런 곳이다. 아름답게만 보였던 제주 관광지가 4.3항쟁 피해자들의 영혼이 담겨있는 유적지라는 사실은 관심을 두고 공부하지 않으면 알 수 없다.

해외여행도 마찬가지다. 교사의 해외여행은 관광과 휴양만이 목적이 아니다. 세상을 보는 눈을 넓히기 위해 떠난다. 독일 철학자 한스 게오르그 가다머(Hans-Georg Gadamer)는 세상을 바라보는 인간의 관점을 지평이라고 했다. 인간에게는 각자의 역사, 문화, 성, 언어, 교육과 같은 배경이 있다. 이 배경은 인간이 세상을 바라보는 기준점이 된다. 이 기준점이 지평이다. 대한민국 국민은 대한민국 국민의 입장으로, 여성은 여성의 입장으로, 대학 졸업자는 대학 졸업자의 지평으로 세상을 바라본다.

지평은 세상을 바라보는 기준점이 되는 동시에 그 너머를 볼 수 없는 한계가 있다. 해외여행을 가면 지평이 넓어지고 융합이 일어난다. 우리나라에 계속 살다 보면 우리가 어떤 지평을 가졌는지 알아차리지 못한다. 하지만 해외여행을 나가면 새로운 문화를 접하고 그 나라 사람들과 대화할 수 있다. 이를 통해 그 나라 사람의 지평을 보게 되고 우리의 지평과 다르다는 사실을 발견한다. 새로운 지평을 통해 이전에 보지 못했던 지평 너머의 세상을 볼 수 있다.[44]

프랑스 파리에서 동갑내기 일본인을 만난 적이 있다. 대화를 나누다가 독도에 관해 이야기하게 됐다. 러일전쟁 승리 이후 일본이 독도를 강제적으로 뺏어갔기 때문에 독도는 우리 땅이라고 말했다. 일본

---

44) 전병규, 〈질문이 살아나는 학습대화〉, 교육과학사, 69~70쪽

초등 논어 수업

친구는 한국이 불법으로 땅을 점유하는 거라고 맞섰다. 나는 일본 고지도에 독도가 우리나라 땅으로 그려져 있다고 말했다. 그는 마찬가지로 우리나라 고지도에 독도가 일본 영토로 나와 있다고 우겼다.

이 사건 이후에 나는 우리 역사와 영어 공부를 열심히 해야겠다고 다짐했다. 역사 지식과 이를 표현하는 영어 실력이 부족하다는 걸 체감했기 때문이다. 더불어 일본 사람이 우리나라를 어떻게 바라보는지, 그들은 어떻게 역사를 배우는지 알게 되었다.

최진석의 〈탁월한 사유의 시선〉을 읽다가 다시 그 친구가 떠올랐다. 최진석은 우리가 일본을 증오하고 분노만 표출하는 것이 아니라 일본을 배우고 극복해야 한다고 주장한다. [45]

우리나라 국민은 일본을 미워하고 증오한다. 임진왜란을 민족적 치욕이라고 말하지만, 임진왜란이 발생하고 300년이 지나 우리는 더 큰 치욕을 당했다. 36년 동안 일본에 나라를 빼앗겼다. 우리는 일본을 증오하는 데 힘을 쓸 뿐, 일본을 극복하려고 노력하지 않았다. 나 역시 여행에서 만난 그 일본 친구를 동갑내기 친구로 여기지 못하고 보수주의자로 바라봤다. 더 이상 그와 어울릴 수 없다고 생각했다. 그에 대한 감정은 분노와 증오였다.

일본에 다시 치욕을 당하지 않도록 우리는 반성하고 힘을 모아야 한다. 일본을 미워하는 대신에 일본인들보다 더 자기 일에 몰입하고 헌신해야 한다. 일본인들보다 더 신용을 지키고, 책을 많이 읽고, 청렴해야 한다. 더 정직하고, 친절하고, 운동도 열심히 해야 한다. 이런 노

---

45) 최진석, 〈탁월한 사유의 시선〉, 21세기북스, 43~45쪽

력으로 두 나라의 힘이 같아진다면 일본과 사이좋은 이웃이 될 수 있다. 해외여행과 독서를 통해 일본을 바라보는 지평이 넓어졌다. 우리 마음속의 일본에 대한 증오를 뛰어넘어야 일본인을 세계시민의 일원으로, 이웃과 친구로 대할 수 있음을 깨달았다.

5학년 아이들과 임진왜란을 배우고 나서 일본을 극복하기 위해 내가 할 수 있는 일이 무엇인지 생각해보는 수업을 했다. 나도 일본 선생님들보다 더 잘 가르치는 선생님이 되겠다고 했다. 아이들에게도 일본 학생들보다 더 열심히 배우라고 했다.

그러자 한 아이가 말했다. "선생님, 일본 학생들이 우리보다 더 잘하는 근거는 무엇이죠? 우리가 더 잘하는 거 아닌가요?" 맞다. 아이들은 이미 일본 학생들보다 더 잘하고 있을지 모른다. 아니, 다른 누군가와 비교하는 것 자체가 잘못이다. 아이의 씩씩하고 당당한 말에 또 하나 배웠다. 아이들이 나의 지평을 넓힌다.

교대신(神)을 아는가? 교육대학교 학생들이 모시는 신이다. 초등교사는 무엇이든 잘해야 한다는 모습을 나타내기 위해 천수관음 보살을 패러디한 그림이다. 다섯 손에는 배구공, 피아노, 팔레트, 교육과정 책, 단소가 들려있다. 한쪽 발로는 축구공을 잡고 있다. 가르쳐야 하는 교과만 해도 열 가지다. 창의적 체험학습으로 묶여있는 온갖 종류의 범교과 영역들을 생각하면 팔과 다리가 모자라다. 이 모든 것을 교사가 잘하는 것은 불가능하다. 그러니 신으로 모실 수밖에 없다. 우리가 모셔왔던 교대신은 우리가 도달할 수 없는 전지전능한 초월적인 존재다.

교사는 신이 아니다. 어떠한 지식도 잘 알고, 모든 일을 완벽히 수행하는 존재가 아니다. 교대신이라는 우상을 끌어내려 우리 곁에 두는 건 어떨까? 교대신의 모습을 바꾸자. 교대신을 우리 한계를 뛰어넘어 존재하는 전지전능한 신이 아니라, 다만 호학(好學)하는 존재로 바라보자. 배우기를 좋아하는 사람으로 말이다.

교대신이 들고 있는 것들을 우리가 좋아하는 대상으로 삼자. 배구를 좋아하고, 피아노를 좋아하고, 그림을 좋아하고, 단소를 좋아하고, 아이들을 어떻게 가르칠지 고민하는 걸 좋아하자. 그렇게 되면 대상이 늘어도 상관없다. 그림책, 심리학, 영어, 요가, 기타 등 관심 있고 좋아하는 대상을 자발적으로 늘릴 수 있다. 오로지 배우는 걸 좋아하면 되기 때문에 잘하지 못해도 되니 부담이 없다. 그렇다. 교사는 배우는 걸 좋아하는 사람이어야 한다.

반성

오늘 하루 아이들에게 진심을 다한다

증자가 말했다.

"나는 하루에 세 가지로 나 자신을 돌이켜본다. 남을 위해 일할 때 온 마음을 대해서 하였나? 친구와 함께 지낼 때 진심을 다했나? 스승으로부터 전수받은 것을 제대로 익히지 못한 것은 아닌가?"

曾子曰 吾日三省吾身. 爲人謀而不忠乎?

증자왈 오일삼성오신. 위인모이불충호?

與朋友交而不信乎? 傳不習乎?

여붕우교이불신호? 전불습호?

증자는 동양의 다섯 성인 중 한 명이다. 그는 공자의 도를 계승하고

〈대학(大學)〉을 편찬했다. 그의 가르침은 공자의 손자 자사를 거쳐 맹자에게 전해진다. 증자는 안자, 자사, 맹자 등과 함께 공자급에 이른 인물이다.

증자가 매일 세 가지 항목으로 자신을 반성한다. 학이(學而)편 4장은 학이시습(學而時習)으로 시작하는 논어의 첫 구절을 거꾸로 뒤집어 놓았다. 남이 자신을 알아주기를 바라기보다 남을 위해 일을 하고 진심과 정성을 다하였는지 살핀다. 뜻이 같은 벗들에게 믿음을 잃는 행동을 하지 않았는지 살핀다. 마지막으로 오늘 배우고 익히지 않았는지 점검한다. 유혹에 쉽게 굴복했던 다른 제자들과 달리 증자는 스승 공자를 모범으로 삼아 자기 내면을 닦는 데 전념했다.

하루를 반성하는 일은 오늘 내가 한 행동에 진심과 정성을 다했는지 돌아보는 작업이다. 교사로서 오늘 하루를 반성하기 위해서는 먼저 할 일이 있다. 교사가 해야 할 일을 명확히 규정하는 일이다. 교사는 단순히 아이들을 사랑하는 사람이 아니다. 아이를 가장 사랑하는 사람은 교사가 아니라 부모다. 오늘 하루 아이들에게 사랑을 얼마나 주었는가는 반성의 기준이 아니다. 아이들에게 온 마음을 다했는지 살펴보는 일은 교사의 역할이 무엇인지 살펴보는 일부터 시작한다.

교사는 삶 전체를 배움의 시간으로 보내는 사람이다. 그중에 일부를 학생과 만나 교육에 힘쓰는 존재다. 교사의 가장 큰 노동은 아이들을 가르치는 일이다. 교사는 아이들을 잘 가르쳐야 한다. 잘 가르치는 일에는 아이들로부터 배우고자 하는 마음을 불러일으키는 일도 포함된다. 교사는 아이들이 배우고 싶어 하는 것을 가르치는 사람이 아니다. 아이들이 배워야만 하는 내용을 가르치는 사람이다.

교사의 일은 강압적인 면이 있다. 아이들이 원하는 것이 아니라 배워야만 하는 걸 가르치기 때문이다. 물론 강압적이지 않으면 좋다. 아이들 스스로 배울 마음이 생길 때까지 기다려주고 자발적으로 배우게 한다면 얼마나 좋겠는가? 이상적인 생각이다. 교사는 아이들이 배울 마음이 없어도 아이들을 가르쳐야 하는 사회적 책무를 지닌다. 인간의 삶은 유한하므로 배울 마음이 생길 때까지 마냥 기다려 줄 수 없다.[46] 교사는 아이들에게 배움이 일어나지 않으면 수업 전략을 성찰하고 수정한다. 교사의 가르침은 의도적이고 계획적이다.

교사는 날마다 이런 상황에 부닥친다. 아이들은 분수의 나눗셈을 왜 배워야 하는지 묻는다. 논어를 꼭 해야 하는지 묻는다. 온 작품 읽기를 하고 글쓰기를 반드시 해야 하는지 묻는다. 공부는 어렵고 하기 싫은 일로 생각한다. 세상을 살아가는 데 필요한 무엇이든 처음부터 즐거운 일은 없다. 그래서 교사는 아이들에게 필요한 배움을 어느 정도 강제할 수밖에 없다. 이 과정에서 공부하고 싶지 않은 아이들과 충돌하게 된다.

충돌을 줄이기 위해 교사는 아이들에게 배움이 재미있다는 사실을 알려줘야 한다. 교사는 배우고자 하는 마음을 불러일으키고 아이들 스스로 배울 수 있도록 촉진자가 되어야 한다. 벤저민 프랭클린(Benjamin Franklin)은 "나에게 말로 하면 잊을 것이고, 가르쳐주면 기억할 것이며, 참여하게 하면 배울 것이다."라고 말했다. 교사는 배울 내용을 급하게 욱여넣는 사람이 아니라 아이들이 수업에 참여하도록 이끌어야 한다.

결국, 교사는 하루를 반성하면서 오늘 아이들이 얼마나 수업에 참

---

46) 권재원, 〈교사가 말하는 교사 교사가 꿈꾸는 교사〉, 북멘토, 23~24쪽

여했는지 돌아봐야 한다. 수업하면서 가장 신경 써야 할 부분이다. 아이들 각자가 얼마나 수업에 집중하고 참여하는지 살핀다. 공부가 귀찮은 아이들을 어떻게 해서든 어르고 달래서 배우고자 하는 마음을 일으킨다. 자기 수업을 성찰하고 수정하는 이유는 아이들이 더 즐겁게 수업에 참여하도록 유도하기 위해서다.

이를 위해 교사는 구체적으로 네 가지 할 일이 있다. 첫째, 아이에 대해서 알아야 한다. 가르치는 아이들 나이 때의 보편적인 성향과 개별적인 특성을 파악한다. 좋아하는 것과 관심사를 알아둔다. 평소 대화를 통해서 관계를 우호적으로 쌓는 일도 필요하다. 둘째, 가르치는 내용에 대해서 알아야 한다. 교사는 교육과정에 대한 전문가여야 한다. 내용이 학년별로 어떻게 연결되어 있는지 알아야 한다. 이를 살펴보고 관통하는 주제를 정해 재구성한다. 재구성을 아이들과 함께 할 수도 있다.

셋째, 필요한 배움을 아이들이 원하게 만드는 지혜가 필요하다. 배우고자 하는 마음을 불러일으키는 모든 수단을 동원한다. 하브루타, 배움의 공동체, 거꾸로 교실, 비주얼싱킹 등 배움의 다양한 전략들을 배우는 일이 여기에 해당한다. 넷째, 부모와 함께 아이를 성장시킨다. 학교에서 있었던 아이의 학습 과정을 가정에 알리는 일도 교사의 역할이다. 교사는 부모를 동반자로 여겨야 한다. 아이의 성장은 학교에서뿐만이 아니라 가정에서도 함께해야 한다. 교사의 할 일을 정리해보자.

1. 아이에 대해 알기
2. 가르치는 내용에 대해 알기
3. 배움을 불러일으키는 지혜 갖추기

4. 부모와 함께 아이를 성장시키기

마지막으로 교사가 하루를 완벽하게 보내는 방법을 소개한다. 바로 교단 일기이다. 모든 일기가 그렇듯 하루에 있었던 모든 일을 적지 않는다. 하루에 가장 의미 있었던 순간, 가장 기억에 남는 순간을 포착한다. 이 순간을 염두에 두면 평소에 아이들이 하는 말을 경청하게 된다. 무심코 지나가는 아이들의 모습이 새로운 의미로 다가온다.

교단 일기를 쓰면 매일 쳇바퀴처럼 굴러가는 반복적인 일상이 매 순간 특별한 순간으로 바뀐다. 어떤 만남과 대화로 풍요로움을 선사할지 기대되기 때문이다. 교단 일기를 쓰면 자기 모습을 살펴볼 수 있다. 내가 아이들에게 자주 사용하는 말과 행동이 보인다. 내가 어떤 사람이고, 어떤 교사인지 알게 된다. 교단 일기는 아이들과 나를 비추는 최고의 선물이자 무기이다.[47]

교사는 언제나 아이들에게 무언가를 내어주는 사람이다. 내어주는 대상은 지식이기도 하고, 애정과 관심이기도 하다. 정신적으로나 신체적으로 에너지를 내어준다. 교사는 예측 불허의 내어줌에 늘 직면한다.[48] 하루를 반성하지 않으면 예측 불허의 내어줌에 교사의 에너지는 고갈되고 만다. 사랑하는 마음으로 아이들에게 다가가지만 남는 건 공허해진 마음뿐이다. 아이들을 향한 교사의 고귀한 애씀이 의미가 있으려면 하루를 되돌아보는 시간이 필요하다. 아이들을 향한 선생님들의 애정과 진심이 사라지지 않고 빛나길 바란다.

---

47) 최창진, 〈선생님! 오늘 하루 어떠셨어요?〉, 밥북, 9~10쪽
48) 권재원, 〈교사가 말하는 교사 교사가 꿈꾸는 교사〉, 북멘토, 131쪽

3

모범

아이들에게 바라는 일을 먼저 한다

논어 2-20

계강자가 물었다.

"백성이 윗사람을 공경하고 충성하고 서로 권면하게 하려면 어떻게 해야 합니까?"

공자가 말했다.

"백성을 정중하게 대하면 백성이 공경하고, 스스로 부모에게 효도하고 자식에게 자애로운 모습을 보이면 백성이 충성할 것이며, 인격이 훌륭한 사람을 등용해서 능력이 부족한 사람을 가르치면 백성이 권면할 것입니다."

季康子問 使民敬忠以勸, 如之何?

계강자문 사민경충이권, 여지하?

子曰 臨之以莊則敬, 孝慈則忠, 擧善而教不能則勸.
자왈 임지이장즉경, 효자즉충, 거선이교불능즉권.

계강자(季康子)는 노나라 임금 애공(哀公)의 신하였지만 주군을 넘어선 권력을 지닌 노나라 최고의 권력자였다. 당시 젊은 나이에 권력을 쥔 그는 공자에게 백성을 다스릴 방법을 묻는다. 어떻게 하면 백성들이 자신을 존경하고, 충성하고, 부지런히 일하게 되는지 조언을 구했다.

공자는 왕이 백성을 정중하게 대하면 백성도 왕을 공경한다고 말했다. 백성을 대할 때 거짓으로 꾸미거나 엄한 모습으로 대하지 말고 예를 갖추라고 했다. 왕이 백성을 괴롭히거나 업신여기면 백성도 왕을 공경하지 않는다. 왕이 백성을 존경하며 진심으로 소통하고 귀를 기울이면 백성들도 자연스럽게 임금을 존경한다.

백성이 왕에게 충성하고 서로 권면하게 하는 방법도 마찬가지다. 왕이 먼저 자기 부모에게 효도하고 자식을 사랑하는 모습을 보이면 백성들은 왕에게 충성한다. 뛰어난 사람을 등용하고 무능한 사람을 가르치면 백성이 부지런히 일한다. 왕과 백성의 관계는 일방통행이 아니라 상호 보완적이다. 높은 위치에 있는 사람이 모범을 보이면 아랫사람이 이를 본받아 배운다.

교사와 학생 사이도 마찬가지로 상호 보완적인 관계다. 아이들이 교사를 공경하길 바란다면 교사가 먼저 아이들을 공경하고 정중하게 대해야 한다. 아이들이 교사의 말을 잘 들어주길 바란다면 교사가 먼저 아이들의 말을 경청해야 한다. 아이들이 자기가 맡은 일을 잘하고 공부를 열심히 하길 바란다면 교사 스스로 맡은 일에 최선을 다해야 한다.

　어느 날 6교시 수업을 마치고 어머니께 전화가 왔다. 평소처럼 전화를 받았다. 전화를 마치고 나니 아이들이 다가와 말한다.
　"선생님, 전화를 그렇게 무뚝뚝하게 받으면 어떡해요? 감사한 마음으로 상냥하게 말해야죠!"
　논어에서 효도에 대해 배웠다. 부모님은 항상 우리를 생각하시기 때문에 걱정이 많다고 얘기했다. 부모님 말씀을 잔소리라고 생각하지 말고 우리를 사랑하는 마음이라고 여기라고 했다. 항상 감사한 생각을 가지고 마음을 표현하라고 했다. 이렇게 말했는데 어머니와 무뚝뚝하게 통화하는 선생님을 보고 달려와 항의한 것이다. 아이들에게 바로 사과했다.
　"선생님이 그랬다고요? 미안해요. 다음에 전화가 오면 꼭 상냥하게 받을게요. 그리고 감사하다고 말씀드릴게요."
　이후에 어머니와 전화 통화를 할 때가 있었다. 아이들을 의식하며 평소보다 더 친절하고 상냥하게 말했다. 마지막에 감사하다는 말도 잊지 않았다. 아이들이 흡족한 눈으로 바라봤다. 놀란 것은 어머니였을 것이다. '얘가 뭘 잘못 먹었나?'

　5학년 1학기 수학 시간이다. 분모가 다른 분수를 어떻게 덧셈하는지 배우고 나서 수학 익힘 문제를 풀고 있었다. 문제가 어렵다는 아이에게 가서 도움을 주었다. 전에 배웠던 통분을 해야 한다고 알려주었다. 통분하는 방법을 모른다. 최소공배수를 이용하라고 했다. 이번에는 최소공배수를 모른다. 기억이 나도록 도와주었다. 덧셈을 마치고 약분을 해야 한다. 아이가 약분하는 방법을 까먹었다. 공약수를 이용해 나누는 방법을 알려주었다.

문제 푸는 방법을 한참 설명하는데 아이가 수학이 너무 어렵다고 짜증을 낸다. 나도 모르게 목소리가 커졌다. 곁에서 듣고 있던 재은이가 말했다.

"선생님, 친절하게 가르쳐주셔야지요!"

바로 목소리를 바꿔서 친절하게 가르쳤다.

"자~ 사랑하는 지유야, 약분을 어떻게 하는 거였지?"

우리 반 아이들에게 강조하는 네 가지 덕목이 있다. 경청, 최선, 자립, 공헌이다. 평소에도 아이들이 실천하길 바라는 마음으로 칠판 한쪽 구석에 적어두었다. 아이들에게 이 덕목을 수행하라고 강요하지 않는다. 다만, 내가 먼저 모범을 보인다. 수업 시간에 아이들의 말을 모두 들으려고 노력한다. 나는 수업 시간에 질문을 자주 한다. 여러 명이 한꺼번에 이야기하면 듣기가 힘들다. 이야기할 사람이 많으면 발언의 순서를 정해준다.

"재은이가 먼저 이야기하고 해준이 이야기를 들을게요. 그다음에 경민이요."

순서를 정해주고 아이들 이야기를 모두 듣는다. 이 생각과 저 생각을 연결해 어떻게 생각하는지 묻고, 또 이야기를 듣는다. 먼저 아이들의 이야기를 경청해야 교사가 말할 때 아이들이 경청한다.

아침 편지에 자주 쓰는 이야기가 있다. 수업에 최선을 다하자는 말이다. 주어진 상황에서 최선을 다하는 일이 논어에서 말하는 예(禮)다. 공부할 때는 공부에 최선을 다하고 놀 때는 노는 일에 최선을 다하자고 말한다. 아이들이 최선을 다하길 바란다면 교사도 온 힘을 다해야 한다.

교사가 최선을 다해서 할 일은 수업이다. 수업 준비에 정성을 들인다. 교사의 네 가지 일에 힘을 쏟는다. 아이들을 관찰하고, 교육과정을 재구성하고, 배움이 즐겁다는 걸 아이들에게 끊임없이 상기시킨다. 부모들에게 학습 과정을 안내하고 아이의 성장을 함께 이끈다.

매주 아이들이 쓴 글을 모아서 우리 반 신문을 발행하고 있다. 아이들 생각을 부모님께 알릴 수 있는 좋은 방법이다. 아이들이 공책에 쓴 글을 일일이 타자로 옮긴다. 이번 주에 찍어둔 사진을 넣어 신문을 만든다. 품과 시간이 많이 들지만, 아이들 성장을 위해 부모와 함께 소통하는 방법이라고 생각한다. 내가 할 일이라 여기고 최선을 다한다.

솔선수범은 교사의 영향력을 높이는 데 중요한 행동이다. 모범이 왜 중요하고 어떤 행동을 해야 하는지 알려주는 실험을 소개한다. 캔자스주립대 교수팀은 플랭크(plank)라는 복부 운동을 통해 리더의 역할을 알아보았다. 참가자들은 혼자 플랭크를 하다가 나중에 전문가와 함께했다. 한 그룹은 전문가가 아무 말도 하지 않고 옆에서 플랭크를 하기만 했다. 다른 한 그룹은 전문가가 '잘했습니다.', '할 수 있습니다.', '자 조금만 더 합시다.'라는 말로 격려했다.

두 그룹이 플랭크를 하고 나서 전문가와 함께했을 때 얼마나 향상되었는지 살펴보았다. 전문가가 아무 말도 하지 않고 함께 프랭크를 했던 그룹은 33%가 향상되었던 반면, 격려를 한 그룹은 22%가 향상되었다. 이 실험의 결과는 리더의 격려가 큰 효과를 발휘하지 못한다는 사실을 보여준다. 격려보다 모범을 보여 이끄는 일이 더 좋은 방법이다.

교사의 말에 힘이 실리려면 그에 맞는 행동을 해야 한다. 알버트 슈바이처(Albert Schweitzer)는 말했다. "모범을 보이는 것은 다른 사람에게 영향력을 미치는 가장 좋은 방법이 아니다. 유일한 방법이다."

관대

넓은 마음으로 아이들을 대한다

논어 3-26

공자가 말했다.

"사람이 윗자리에 있으면서 관대하지 않고, 예를 행하면서 공경스
럽지 않고, 상례에 참여하면서 슬퍼하지 않는다면, 내가 무엇을 가
지고 그 사람을 보겠는가?"

子曰 居上不寬, 爲禮不敬, 臨喪不哀, 吾何以觀之哉?
자왈 거상불관, 위예불경, 임상불애, 오하이관지재?

교사의 일은 인격 수행이란 생각이 들 때가 있다. 아이들과 부모로
부터 받는 스트레스를 삭이고 관리할 순간이 많기 때문이다.

교사는 아이들에게 기본 생활 습관을 가르친다. 어지럽혀있는 모습

이 신경 쓰인다. 책상 정리가 안되어 있다. 수업에 필요하지 않은 책과 장난감, 우유가 너저분하다. 방금 청소했는데 바닥이 어지럽다. 우유 갑 정리를 강조했는데 널려있다. 복도에서는 위험하니 뛰지 말라고 했지만, 여전히 뛴다. 골고루 먹자고 이야기하지만 편식한다. 글씨를 정성껏 쓰라고 했지만 개발새발이다.

교사는 아이들 감정 표현에 상처받는다. 수학 문제를 틀려서 다시 풀어보라고 했더니 아이가 짜증을 낸다. 친구와 말다툼하다가 비속어와 욕을 쓴다. 반 전체를 위한 결정을 내렸는데 개인적인 이기심에 규칙을 지키지 않고 화를 낸다. 자기가 잘못해놓고 급식을 먹지 않겠다고 투정을 부린다. 부정적인 감정은 전염되어 덩달아 교사도 화와 짜증이 올라온다.

부모들로부터 받는 마음의 고통도 심각하다. 전체 아이들을 생각하지 않고 본인 아이만 생각하는 분들의 요구를 들어야 한다. 아이 잘못으로 상담하는데 잘못을 인정하지 않는다. 잘못한 사람이 아무 잘못 없는 사람을 나무란다. 아이의 잘못은 생각하지 않고 해결 과정에서 부분적 오류를 문제 삼는다. 아이와 대화를 나눠보지도 않고 무조건 교사가 문제라고 따진다.

교사로서 자존심이 상하는 순간이 있다. 너무 힘든 아이와 부모를 만날 때다. 아이한테 무시당하며 살고 있다는 생각에 모멸감과 치욕스러움이 몰려온다. 아이와 부모가 던지는 쓰레기 같은 말을 받는다. 존재가 더럽혀지는 느낌이 든다. 이럴 때는 스치듯 지나는 한 마디에도 마음에 생채기가 생긴다. 열심히 준비해 간 수업에서 "재미없고 지루해."라는 소리를 듣는다. 활동을 제시하면 "그거 안 하면 안 돼요?"라는 말을 듣는다. 심장이 베이고 가슴이 졸아든다.

아이와 부모로부터 받는 상처가 깊을 때는 무조건 쉬어야 한다. 교통사고를 당한 것과 맞먹는 아픔이기 때문이다. 지금부터 이어지는 이야기는 자잘한 상황에 적용된다.

관대는 내 에너지가 고갈되지 않고 남아있을 때 가능하다. 아무리 작은 상처도 아프다. 상처는 빨리 아물어야 한다. 사물을 바라보는 틀을 전환하는 '리프레이밍'이라는 심리기법을 이용하면 작은 상처는 치료된다. 아이들을 넓은 마음으로 너그럽게 바라볼 수 있다.

프레임이란 사고방식이나 느끼는 방식의 틀을 의미한다. 리프레이밍은 틀을 새롭게 바꾸어 사건을 다른 관점에서 바라보고 새로운 의미를 부여하는 일이다. 심리학에서는 '물구나무서기 방법'이라고도 불린다. 사건을 완전히 다른 관점에서 바라보면서 새로운 의미를 부여한다. 별 볼 일 없는 그림이라도 액자의 테두리를 바꾸는 것만으로도 작품의 가치가 달라 보인다. 낡은 테두리를 고치면 새로운 일상이 열린다. 생각의 틀을 바꾸면 우리가 일상에서 부딪치는 사건과 상황에 대처할 수 있다.[49]

리프레이밍은 현실 속 사건을 바꾸지 못하지만, 우리의 생각을 바꾼다. 앞으로 나아가는 것을 가로막는 부정적인 생각을 바꾸도록 도와준다. 통제권을 다른 힘에 내주지 않고 내가 가져온다. 끌려다니는 인생을 살지 않고 주도적으로 살 수 있다.

아이들과 부모의 태도 때문에 화가 나고 답답하면 스스로 묻는다.

---

49) 폴커 키츠, 마누엘 투쉬, 〈마음의 법칙〉, 포레스트북스, 20쪽

'지금 이 상황이 나에게 무슨 말을 해주려는 걸까?', '이 상황에 숨어있는 기회는 무엇일까?' 이렇게 자문하는 것만으로도 생각의 변화가 일어난다. 리프레이밍을 하려면 평소에 연습해야 한다. 일상생활에서 부정적인 생각이 떠올랐다면 곧바로 긍정적인 표현으로 바꾼다.

× 기본 생활 습관을 여러 번 얘기해도 아이들이 바뀌지 않는다.
○ 아이는 일부러 교사를 골탕 먹이려고 하지 않는다. 아직 어리숙한 면이 있음을 인정한다. 교사의 도움이 더 필요한 순간이라고 생각한다. 기본 습관이 바뀌려면 여러 번 강조해야 한다는 사실을 생각한다.

× 수학 문제를 틀려서 다시 풀어보라고 했더니 아이가 짜증을 냈다.
○ 열심히 푼 문제를 틀렸다고 하니 아이도 속상하다. 열심히 노력한 사실을 인정해주고, 무엇이 틀렸는지 설명한다.

× 아이들이 내 말을 귓등으로도 안 듣는다.
○ 내 의견을 말하기 전에 아이들 말부터 잘 듣는다.

× 친구와 말다툼하다가 욕을 한다.
○ 아이들은 갈등을 어떻게 건설적으로 해결하는지 모른다. 갈등이 일어날 수 있음을 인정하고, 해결하는 방법을 알려준다.

× 반 전체를 위한 결정을 내렸는데 개인적인 이기심에 규칙을 지키지 않고 화를 낸다.

○ 아이가 규칙을 지키지 않은 이유가 무엇인지 들어본다. 규칙에는 예외가 없다는 것을 설명하고 지킬 수 있도록 돕는다.

× 전체 아이들을 생각하지 않고 내 아이만 생각하는 학부모가 있다.

○ 자식을 사랑하는 부모의 마음을 헤아린다. 모든 아이를 생각해야 하는 교사의 입장을 이야기하고 협조를 구한다.

× 부모가 아이의 잘못은 생각하지 않고 해결 과정에서 부분적 오류를 문제 삼는다.

○ 책임을 모면하고 싶은 마음을 이해해본다. 학부모를 상대하는 능력을 키울 기회로 삼는다. 다음번에는 부분적 오류를 만들지 않도록 준비한다.

× 아이와 대화를 나눠보지도 않고 무조건 교사가 문제라고 따진다.

○ 부모의 삶이 팍팍해서 교사에게 하소연한다고 생각한다. 부모의 내면 아이까지 보듬어야 아이의 삶도 바뀔 수 있음을 생각한다.

부정적인 표현을 긍정적인 표현으로 바꾸었을 뿐인데 힘들고 괴로운 감정이 수그러들지 않는가? 아이들과 부모의 태도와 행동은 변한 것이 없지만 그들을 향한 우리의 반응이 달라진다. 인지 재구조화 이론에 따르면 감정과 행동을 결정하는 것은 다른 사람의 행동이 아니라 그 행동에 부여하는 의미이다. 같은 일에도 어떤 생각을 하느냐에 따라 전혀 다른 반응을 선택할 수 있다.

중요한 것은 우리의 생각과 신념, 믿음을 바꾸는 일이다. 우리를 둘러싸고 있는 생각의 왜곡을 찾아 이를 바꿔야 한다. 리프레이밍으로 부정적인 생각을 긍정적으로 바꿀 수 있으면 교사는 아이들에게 관대해질 수 있다. 너그럽게 바라보고 상처받지 않을 수 있다.

다시 강조하지만, 아이와 부모의 말과 행동을 받아들일 수 있는 경우다. 내 에너지가 차 있을 때만 마음을 나눠줄 수 있다. 교사의 에너지가 고갈되어 있을 때는 리프레이밍이 불가능하다. 너무 아픈 상처에는 치료가 필요하다.

마음이 뒤죽박죽 엉망일 때 빠져나올 한마디가 필요하다면 로마 스토아 철학자 에픽테토스(Epictetus) 말을 기억하자. "우리를 불안하게 만드는 것은 사물이나 사건이 아니다. 그것을 바라보는 우리의 생각이 불안의 원인이다."

초등 논어 수업

사랑
돌려받을 것을 바라지 않고 준다

5

> ### 논어 5-26
>
> 안연과 계로가 공자를 모시고 있을 때 공자가 말했다.
> "각자 너희의 품은 생각을 말해보지 않겠느냐?"
> 자로가 말했다.
> "수레와 말, 좋은 가죽옷을 친구들과 함께 쓰고 그것을 망가뜨려도 서운해하지 않기를 원합니다."
> 안연이 말했다.
> "제 선행을 자랑하지 않고 타인을 수고롭게 하지 않기를 원합니다."
> 자로가 말했다.
> "선생님의 뜻은 어떠한지 듣고 싶습니다."
> 공자가 말했다.

"노인들이 나를 편안하게 생각하고, 친구들이 나를 신뢰하고, 젊은 이들이 나를 그리워하기를 원한다."

顏淵季路侍, 子曰 **盍**各言爾志? 子路曰 願車馬衣輕**裘**, 與朋友共, **敝**
之而無憾.
안연계로시, 자왈 합각언이지? 자로왈 원거마의경구, 여붕우공, 폐
지이무감.

顏淵曰 願無伐善, 無施勞. 子路曰 願聞子之志. 子曰 老者安之, 朋友
信之, 少者懷之.
안연왈 원무벌선, 무시로. 자로왈 원문자지지. 자왈 노자안지, 붕우
신지, 소자회지.

우리는 아이들에게 꿈이 무엇인지 묻는다. 아이들은 아이돌 가수, 유튜버, 의사, 선생님, 대통령이라고 답한다. 꿈을 직업으로 생각한다. 꿈을 묻는 어른도 으레 꿈을 직업으로 여기고 묻는다. 꿈이 어느새 직업으로 축소되었다.

여러분은 어떤 사람이 되고 싶은지 생각해보았는가? 우리는 삶의 지향성에 대한 물음을 멀리한다. 공자는 제자 자로와 안연에게 어떤 사람이 되고 싶은지 삶의 목표를 묻는다. 그들의 대답은 돈을 많이 벌고 싶다, 행복하게 살고 싶다는 요즘 사람들의 말과 차원이 다르다.

자로는 좋은 말과 비싼 옷을 친구와 같이 쓰다가 헤지고 망가져도 그 친구를 원망하지 않고 살 수 있기를 바랐다. 소중한 것을 돌려받지

못하더라도 다른 사람과 나누고자 한다. 안연은 어려운 일을 하고도 뽐내거나 자랑하지 않고 겸손하게 살기를 바란다. 타인을 위해 내가 먼저 일하고자 한다. 공자는 어른들을 편안하게 해드리고 친구들에겐 신의를 지키며 아랫사람들은 사랑으로 품어주고자 한다. 이제 우리도 아이들에게 건네는 물음을 바꿔야 한다. "넌 어떤 사람이 되고 싶니?"

내가 가진 것을 다른 사람에게 나눠주고 타인의 수고를 대신하는 일을 왜 해야 할까? 언뜻 보면 손해다. 가진 것을 나누면 내 몫이 준다. 타인의 수고를 대신하면 내가 일을 더 해야 한다. 하지만 타자를 위해 나누고 일하면 그들에게 높은 평가를 받을 수 있다. 우리가 다른 사람을 먼저 생각하고 그들의 수고를 대신하면 그들은 우리에게 의미 있는 평가를 한다. 우리의 가치를 인정해줄 수 있는 타자가 생긴다는 뜻이다.

반면 다른 사람을 지배하고 이용하는 사람은 자신의 가치를 확인시켜 줄 타자를 없앤다. 이들은 자신의 가치를 확인하기 위해 긍정적인 평가를 갈구하지만, 의미 있는 타자들을 없앴기 때문에 원하는 평가를 받지 못한다. 결국 소유에 집착한다. 더 많이 가지고, 더 많이 일하고, 더 많이 지배하려고 한다. 그럴수록 얻게 되는 것은 공허와 갈망뿐이다.

교사는 아이들에게 무언가를 내어주는 사람이다. 돌려받을 생각을 하지 않고 애정과 관심을 먼저 나누어준다. 정신적, 신체적인 에너지를 기꺼이 내어준다. 이로써 교사는 아이들에게 높은 평가를 받게 된다. '우리 선생님'이 된다. 교사는 돌려받을 것을 바라지 않고 내어주는 사랑을 통해 가치를 인정받는다. 교사는 사랑을 줌으로써 아이들과 관계를 만들고 그 관계망 속에서 함께 성장한다. 따뜻한 관계의 섬을 만들 수 있는 교사는 행복한 사람이다.

교사의 사랑은 일반적인 사랑과는 달라야 한다. 사랑으로 아이들을 보살피는 일은 교사가 아니라 어른이라면 누구나 할 수 있다. 사랑이라면 교사보다 부모가 더 잘 전할 수 있다. 단지 사랑이 목적이라면 부모는 아이들을 학교에 보내지 않아도 된다.

부모가 아이를 학교에 보내는 이유는 특수한 책무를 교사에게 기대하기 때문이다. 교사가 하는 사랑이 아이들을 보살펴주고 예뻐해주는 일뿐이라면 이는 낭비다. 교사의 가장 중요한 자질은 아이들에 대한 사랑이 아니다. 아이들에 대한 사랑이 그 결실을 보도록 실제적인 방법을 고안해내는 전문적인 능력이다.

아이들을 사랑하는 마음은 부모와 교사의 공통분모다. 하지만 교사의 사랑은 지식에 기반을 둔 사랑이라는 점에서 부모의 사랑과 구별된다. 교사의 사랑은 부모의 조건 없는 사랑과 다르다. 지식과 규범에 근거한다. 교사의 사랑은 지적인 사랑이고, 전문적인 사랑이다.[50]

교사가 해야 할 일 네 가지를 기억하는가? 다시 떠올려보자.

1. 아이에 대해 알기
2. 가르치는 내용에 대해 알기
3. 배움을 불러일으키는 지혜 갖추기
4. 부모와 함께 아이를 성장시키기

---

50) 권재원, 〈교사가 말하는 교사 교사가 꿈꾸는 교사〉, 북멘토, 56쪽

교사의 사랑은 네 가지 일을 통해 아이가 전보다 성장할 수 있도록 돕는다. 교사는 남을 배려하지 않고 이기적인 아이도 사랑한다. 이 아이가 왜 이런 성격을 갖게 되었는지 가정환경부터 살펴본다. 늦둥이 아들로 태어나 어렸을 때부터 오냐오냐 원하는 대로 받아왔다는 사실을 알게 된다. 부모와 소통해서 아이의 올바른 성장을 이끌어야 한다.

부모에게 아이를 이타적으로 만드는 방법을 알려준다. "엄마, 저 이거 해주세요." 했을 때 바로 "알았어!" 하면 안 된다고 알려준다. 아이의 욕구를 너무 즉각적으로 만족시켜 주면 기다릴 수 있는 능력을 키우지 못한다. 언제나 즉시 만족하려고 하는 아이는 다른 사람을 배려하지 못한다. 조금씩 기다리는 훈련을 해야 이타성을 기를 수 있다. 부모와 소통해서 가정에서부터 조금씩 기다리는 훈련을 하도록 돕는다.

수업 시간에 선생님과 친구의 이야기를 제대로 듣지 않는 아이가 있다고 생각해보자. 교사는 이런 아이도 사랑으로 이끌어야 한다. 아이들이 이야기를 듣지 않는 이유는 무엇일까? 듣고 나서 할 일이 없기 때문이다.

아이들은 듣고 나서 해야 할 일이 있으면 능동적으로 듣는다. 학교에서는 선생님의 설명을 듣고 나서 친구에게 설명하게 한다. 가정에서는 저녁에 가족들에게 오늘 배운 내용을 설명하게 한다. 부모와 소통을 통해 이를 알린다. "이따가 저녁에 엄마한테 어떻게 설명할 건지 생각하면서 수업을 들어봐."라고 얘기하도록 알린다. 부모의 이런 말 한마디만으로도 아이의 듣는 태도가 달라진다. 아이는 부모에게 어떻게 설명할지 고민하면서 능동적으로 선생님과 친구들의 말을 듣는다.

교사는 학생들을 지적으로 사랑해야 한다. 교사의 사랑은 이성적으로 조율되는 사랑이다. 친밀감 자체가 목적이 되는 감정적 사랑이 아니다. 감정적인 사랑은 가족이 담당해야 할 몫이다.

안타깝게도 요즘 아이들은 가정에서 이런 사랑을 충분히 받지 못한다. 경제적으로 어려운 가정에서는 부모가 힘들게 일하느라 아이들을 챙기지 못한다. 경제력이 뒷받침되는 가정에서는 아이들을 학원에 내몰면서 입시 전쟁을 강요한다. 어느 경우에나 아이들은 부모들에게서 친밀감이 바탕이 되는 감정적 사랑을 느끼기 어렵다.

사정이 이렇다 보니 아이들은 엉뚱하게도 교사들과 이런 친밀한 관계를 맺으려고 한다. 교사에게 다가오는 아이들을 매몰차게 거절할 수는 없다. 지적인 사랑과 더불어 감정적 사랑을 점점 더 감당해야 한다. 감정적인 사랑은 교사의 사회적 책무가 아니다. 아이들에게 필요한 사랑을 선생님 한 사람이 전부 감당할 수는 없다. 돌려받을 것을 바라지 않고 모든 걸 내어주는 사랑이 교실뿐만이 아니라 가정에서도, 사회에서도 널리 퍼지길 바란다.

6

사명

묵묵히 희망의 길을 걸어가다

2016년 처음으로 6학년 담임을 맡았다. 5월부터 문제가 생겼다. 남자아이들 여덟 명이 수업을 훼방 놓았다. 교사 말은 듣지도 않았고 아예 무시했다. 자기들끼리 얘기해서 수업이 전혀 진행되지 못했다. 아이들에게 화도 내보고 부탁도 해보고 회유도 해봤지만, 소용없었다. 피해를 보던 다른 학생들도 그 아이들 장난에 속수무책이었다. 교실이 붕괴되었다.

6월 초 어느 날, 6교시 수학 시간이었다. 아이들의 방해로 수업이 전혀 이루어지지 못했다. "내가 이러려고 힘들다는 6학년을 맡았던 것이 아니다. 너희들 때문에 너무 괴롭다."라고 말했다. 건후가 말했다. "그럼 6학년을 맡지 말았어야죠." 교실을 나와 화장실로 갔다. 가슴이 아파 숨을 크게 쉬어야 했다. 아이의 말이 "넌 선생님이 되지 말았어야지."라고 느껴졌다. 다른 아이들을 모두 보내고 건후와 이야기를 나눴다. 아이 앞에서 울었다. 아이도 함께 울었다.

이후에도 교실은 나아지지 않았다. 학교에 계신 모든 선생님께 교실 상황을 이야기했다. 돌아가면서 우리 교실에 들어와 참관해주셨다. 남자아이들의 억눌린 에너지를 풀고자 방과 후에 복싱을 배우게도 했다. 아이들 부모님을 불러 학급 간담회도 열었지만, 진전이 없었다. 아이들은 힘이 약한 아이를 따돌렸다. "느금마, 네 얼굴 실화냐." 등의 혐오 표현이 난무했다. 교실에서 서슴없이 성관계를 연상시키는 행동을 했다.

어느 날 건후와 진성이가 크게 싸웠다. 건후 얼굴이 피로 가득했다. 보건실에서 치료받고 온 아이에게 너무 다쳤으니 집에 가는 게 어떠냐고 물었다. 아이는 괜찮다고 했다. 괜히 자존심을 세우는 것 같아 더 이상 강요하지 않았다. 그날 술 취한 아버님께 전화가 왔다. 아이가 이렇게 많이 다쳤는데 어떻게 계속 수업을 받게 할 수 있냐, 어떻게 전화 한 통 없었냐는 거였다. 한 시간 내내 죄송하다고 말했다.

학교에 출근하는 일이 너무 싫었다. 교실은 내 존재가 필요 없는 공간 같았다. 아이들이 무서웠다. 아이들 앞에 설 용기가 나지 않았다. 내가 할 수 있는 게 없고, 무슨 일을 해도 달라지는 게 없다고 느꼈다. 무력감은 곧 체념이 되었다. 버티고 버티다 아이들이 졸업하는 날이 되었다. 다른 선생님들께서 수고했다, 이제 속 편하게 방학을 보내라고 말씀하셨다. 나도 아이들을 졸업시키면 마음이 편해질 줄 알았다. 하지만 전혀 그렇지 않았다. 마음이 여전히 무거웠다.

그 아이들이 졸업하고 3년 뒤 2019년 스승의 날이었다. 점심 식사를 마치고 교실로 와보니 속을 썩이던 녀석 중 다섯이 찾아왔다. 반가

움보다는 놀라움이 앞섰다. 선생님을 찾아뵙고 싶어서 왔다고 한다. 5, 6교시 수업에 아이들을 초대했다. '선배에게 듣는 중학교 생활'이란 주제로 동생들과 이야기를 나누도록 했다. 동생들이 질문하면 선배로서 대답해주었다. 중학교에서는 잘못하면 바로 벌점이라고 했다. 억울하다고 대들 수도 없다는 말을 덧붙인다.

중학교에 가니 초등학교 때 선생님 말씀을 안 듣고 말썽부렸던 게 후회가 된다고 했다. 동생들에게 자기 잘못을 인정하면서 선생님이 자신들 때문에 힘들었을 거라고 말했다. 잘못 들었나 싶어 아이들을 자세히 봤다. 커진 키와 굵어진 목소리, 의젓한 자세가 다시 보인다. '녀석들, 중학교 가더니 사람이 되었구나.' 3년이 지나고 나서야 마음이 풀렸다. 아이들에 대한 원망과 응어리진 마음이 그제야 치유되었다.

아이들로부터 받았던 마음의 상처가 아이들로부터 회복되었다. 만약 스승의 날 때 아이들이 오지 않았다면 멍울이 나았을까? 아니었을 것이다. 철이 든 아이들이 찾아와준 덕분에 새로운 안목이 생겼다. 아이들의 성장을 긴 시각으로 보게 되었다. 나를 이어 이 아이들을 맡아주실 선생님들의 존재를 믿게 되었다.

아이 인생 전체로 보면 나와 만난 1년은 큰 영향을 끼치지 못할 수 있다. 그럼에도 다른 선생님들의 헌신으로 아이들은 꾸준히 자란다. 오해하지 않길 바란다. 아이들과 함께하는 1년을 우리는 소중히 보내야 한다. 아이들에게 최선을 다해야 마땅하다. 다만, 아이의 성장을 위해 정성과 노력을 다하는 교사 집단을 믿는다는 이야기다. 그로 인해 사람답게 변할 우리 아이들을 믿어보자는 말이다.

이런 경험이 나중에 도움이 되었다. 2020년 우리 반에 힘든 아이가 있었다. 다른 학교에서 친구 관계에 상처받고 전학을 왔다. 다른 아이들과 사사건건 부딪쳤다. 사소한 말에도 폭발하고 교실을 뛰쳐나갔다. 상처받은 마음을 친구를 때리거나 물건을 망가뜨리는 일로 풀었다. 관계는 더욱 나빠져만 갔다. 부모님과 상담도 진행하고 전체 간담회도 열었다. 회복적 신뢰 써클을 이용해 학급 모든 아이와 이야기를 나눴다.

전담 시간에 전화가 왔다. 수업에 참여하지 않는 아이에게 공부하자고 권유를 했는데 화를 내며 나갔다고 연락이 왔다. 전담 선생님께서 아이를 교실로 데리고 오셨다. 아이가 전담 선생님과 나를 발로 걷어찼다. 둘이서 아이를 붙잡고 씨름했다. 아이가 욕을 했다. 전담 선생님께서 의연하게 말씀하셨다. "우리 태강이 나중에 엄청나게 후회하겠다."

전담 선생님 말씀이 오래도록 기억에 남는다. 아이를 사랑하는 마음이 고스란히 전해졌다. 비록 지금은 아이가 힘들지만, 이를 이겨내고 훌륭하게 자랄 거란 희망이 전제된 말이다. 아이를 거쳐 갈 수많은 선생님에 대한 신뢰가 뒷받침된 말이다. 아이의 성장을 긴 시각으로 볼 수 없다면 나올 수 없는 말이다.

우리 마음이 전해진 덕분일까. 2년이 지난 지금 태강이는 다른 사람이 되었다. 학교생활을 잘하고 있다. 밴드 동아리를 개설하고 동생들을 모집해서 이끌고 있다. 공부를 더 잘하고 싶다며 매일 영어 단어를 외운다. 모르는 것은 친구들에게 묻는다. 너무나 달라진 아이를 흐뭇하게 지켜본다. 언젠가 아이를 지나가면서 발로 선생님 찬 거 기억하냐고 물었다. 부끄러운 듯 씩 웃는다. 나도 따라 웃었다.

두 분의 새로운 담임선생님을 만나고 아이가 자랐다. '내가 맡았던

1년 동안 이런 변화를 목격했다면 얼마나 좋았을까.'라는 생각이 들어 서운했다. 아이 때문에 밥도 잘 먹지 못할 만큼 힘들었기 때문이다. 하지만 벌써 회복되었다. 오히려 잘 자라준 아이에게 고맙다.

교사는 아이들이 전보다 성장했을 때 보람을 느낀다. 교사의 상처는 보람으로 치유된다. 선생님들께도 감사하다. 아이를 향한 선생님들의 진심과 정성이 없었다면 아이의 변화는 불가능했다. 아이들의 변화는 놀랍다. 교사의 힘은 위대하다.

논어 8-7

증자가 말했다.
"선비는 마음이 크고 군세지 않으면 안 된다. 책무가 무겁고 갈 길이 멀기 때문이다. 인을 자신의 임무로 삼으니 또한 책무가 무겁지 않겠는가? 죽어야 멈추는 것이니 또한 가야 할 길이 멀지 않겠는가?"

曾子曰 士不可以不弘毅. 任重而道遠. 仁以爲己任, 不亦重乎?
증자왈 사불가이불홍의. 임중이도원. 인이위기임, 불역중호?
死而後已, 不亦遠乎?
사이후이, 불역원호?

교육은 아이들을 성장시킨다. 교육을 통해 아이들은 교육받기 전보다 어떤 면이든 훌륭해진다. 교육은 진보적이다. 교육은 앞 세대의 업적을 보존하여 다음 세대에 전수하는 보수적인 면도 있지만, 이는 유지가 아니다. 교육은 앞 세대가 삶을 마칠 무렵에야 도달한 경지를 다음 세대가 자기 삶의 출발점으로 삼을 수 있도록 만든다.

교육의 목적은 앞 세대의 업적을 답습하는 일이 아니다. 앞 세대가 이룩한 곳부터 출발하여 그보다 진보할 수 있도록 돕는 일이다. 인류는 이런 식으로 진보했다. 교육에 종사하는 일은 인류의 진보 과정에 힘을 보태는 일이다. [51]

논어의 구절을 다시 읽어보자. 선비를 교사로 바꿔서 읽는다. 아이들에 대한 사랑이 교사의 사명이다. 평생의 성장을 이끄는 일이기에 갈 길이 멀다. 인류 진보를 이끄는 일이기에 교사는 책무가 무겁다. 교사는 마음이 크고 굳세지 않으면 안 된다. 하지만 우리 곁에는 든든한 동료 교사들이 있다. 아이들의 성장을 믿기에 두렵지 않다. 놀라운 아이들과 위대한 교사들이 있기에 오늘도 먼 길을 묵묵히 걸어간다.

51) 권재원, 〈교사가 말하는 교사 교사가 꿈꾸는 교사〉, 북멘토, 93~94쪽

초등 논어 수업

논어를 공부한 덕분입니다!

　　매일 아침 5시에 눈을 뜬다. 밖으로 나가서 빠른 걸음으로 동네를 한 바퀴 걷는다. 걸으면서 미래를 시각화한다. 제일 먼저 아내와 아들을 생각한다. 달달한 남편이자 자랑스러운 아빠가 되겠다고 다짐한다. 내가 되고 싶은 모습을 상상한다. 엄청난 집중력과 독해력으로 책 한 권을 2시간 안에 읽는 사람이 되고 싶고, 힘들수록 더욱 강해지는 안티프레질한 사람, 열정이 샘솟아 주변 사람들에게 긍정의 기운을 전하는 사람을 꿈꾼다. 교보문고 종합 TOP10 베스트셀러 작가가 되길 소망한다.

　　감사한 점을 떠올린다. 부족한 나와 결혼해서 함께하는 아내가 고맙다. 아들은 존재만으로 사랑스럽다. 매일 아이를 위해 애써주시는 어머님, 아버님, 언제나 아들을 응원해주시는 부모님께 감사의 인사를 전한다. 동학년 선생님이 있어 든든하고, 우리 반 아이들 얼굴을 한 명씩 떠올리며 행복한 마음을 전한다.

　이제 지하 주차장에서 13층 우리 집까지 논어 구절을 하나씩 떠올리며 계단을 오른다. 2년간 아이들과 논어를 배우고 나서 마음속에 기억해두고 싶은 키워드들이다.

1. 오늘 하루 진심과 정성을 다했는가?
2. 과즉물탄개, 과감하게 단점을 고쳤는가?
3. 행동은 빠르게, 말은 신중하게, 옳고 그름을 묻는다.
4. 사무사, 생각의 사특함을 없애라.
5. 선행기언, 행동을 먼저 하고 말을 따르게 하라.
6. 학이불사즉망 사이불학즉태, 공부하면 생각하라.
7. 예는 인간의 아름다움을 완성한다.
8. 남보다 앞장서서 솔선수범한다.
9. 관대와 공경, 마음을 너그럽게 한다.
10. 겸양, 겸손한 마음으로 양보한다.
11. 남들이 알아줄 만한 학식과 재능을 갖췄는가?
12. 군자는 의로움에 밝고, 소인은 이익에 밝다.
13. 강직한 사람은 뇌물에 흔들리지 않는다.
14. 내 감정에 정직한 사람이 되자.
15. 다른 사람의 수고를 대신한다. 돌려받을 것을 생각하지 않고 준다.

　운동을 마치면 가슴이 벅차고 기쁘다. 하루를 활기차게 시작할 수

초등 논어 수업

있다. 시각화를 통해 미래의 멋진 모습으로 내가 존재한다. 논어의 가치를 지키는 군자가 된다.

아이들과 함께 논어를 공부한 덕분에 2500년이 흘러 살아남은 삶의 정수를 배웠다. 삶의 지혜를 마음속에 심었다. 새로운 존재가 될 준비를 다졌다. 논어를 통해 어떻게 행복하게 살아야 하는지 배웠다. 울림을 얻었다. 이 책이 당신에게도 작은 파동을 선사했기를 바란다.